인물로 보는 일본역사 제7권

이토 히로부미
일본의 근대를 이끌다

차례
Contents

'근대 일본의 기획가' 이토의 생애 실증적 탐구

한국에서 이토 히로부미는 '침략의 원흉'으로 표상되고 있다. 1904년 2월 러일전쟁이 발발하자 일본은 즉각 조선과 한일의정서를 맺고 조선정부에 일본군대의 주둔권과 조선에서 '자유행동'을 인정하게 했다. 8월에는 제1차 한일협약을 체결하여 재정, 외교고문의 고용과 외교교섭에서 조선정부가 일본정부와 사전에 협의하도록 의무화하였다. 다음 해 1905년에는 '보호권확립'을 각료회의에서 결정하는 한편, 순차적으로 열강에게서 조선 보호국화의 승인을 얻었다.

이러한 준비작업을 거친 뒤에 일본은 '을사늑약'을 통해 조선의 외교권을 빼앗고 통감부를 설치하고 4년여에 걸친

이토 히로부미

'보호통치'를 실시하였다. 이토는 이러한 일본정부의 한국침략 정책에 깊숙이 관여하였고 1906년부터 1909년까지 통감으로서 내정간섭·고종의 퇴위·군대해산·의병탄압 등을 주도하면서 한국통치를 전면에서 이끌었기 때문에 한국민에게 '침략의 원흉'으로 비친 것은 당연하다.

이에 반해 일본에서 이토는 한국에서와 같은 '침략의 원흉', 즉 제국주의자 또는 침략자의 이미지는 거의 없고 근대 일본 건설의 최대공로자로 인정받고 있다. 그는 메이지유신(明治維新) 과정을 통해 막부지배체제를 타도하고 천황제정부를 수립하는 데 기여하였고 메이지 신정부의 고위관료가 된 이래 네 차례 수상을 역임하면서 수많은 정치개혁과 외교정책에 관여하였다. 그동안 그가 주도한 사안은 화폐·은행·조세제도 개혁, 철도 부설, 폐번치현(廢藩置縣), 내각제 개혁, 화족제 창설, 궁중개혁, 톈진조약, 제국대학 설립, 헌법제정, 청일전쟁, 러일전쟁, 한국병합 등 일일이 열거하기 힘들 정도다. 이러한 측면을 고려할 때 일본에서 이토가 높이 평가받는 것은 당연하다.

한편 이토를 사살한 안중근의 행위는 한국에선 '침략의 원흉'을 제거하고 한국민의 독립 의지를 세계에 천명한 '영웅의 의거'로 평가받는 반면 일본에선 한국을 '보호·지도'하여 동양평화를 추구하는 근대일본의 위대한 정치가를 암살한 어리석은 테러행위로 규정하기도 한다.

이러한 시각은 '통감정치' 등 한국침략에 관여한 이토의 모습이 제대로 조명되지 못한 데서 기인하는 점도 있을 것이다. 그의 행동과 업적의 한 측면을 부각하여 평가하는 것이 아니라 그의 전 생애를 실증적이고 객관적으로 추적할 때 이토에 대한 균형 잡힌 이해가 가능할 것이다.

제1장 존왕양이 지사(志士)

이토 히로부미(伊藤博文, 1841~1909)는 농민 출신으로 수상까지 오른 입지전적 인물로 알려져 있다. 어린 시절 아버지가 무사 집안에 양자로 들어가면서 무사신분을 얻어 정치적으로 성장할 수 있는 조건을 갖추게 되었다. 또한 메이지유신을 주도한 조슈번(長州藩) 출신이라는 점도 이토가 출세하는 데 유리한 환경을 마련해주었다. 번벌(藩閥)이라는 배경이 없었다면 그가 젊은 나이에 메이지정부의 고위 관료가 될 수는 없었을 것이다.

이토 히로부미의 어릴 적 이름은 리스케(利助), 슌스케(俊輔)이며 막부 말기에 많은 변명을 사용했고 메이지유신 후 히로부미(博文)로 개명했다. 호는 슌포(春畝), 소로카쿠슈진(滄浪閣主人)을 칭했다. 1841년 9월 수오노쿠니(周防國) 구마게군(熊毛郡) 쓰카리무라(束荷村, 오늘날의 山口縣 光市 大和町)에서 농민 하야시 주조(林十藏)의 아들로 태어났다. 1854년 아버지 주조가 하기(萩)로 가서 조슈번의 하급무사 이토 나오에몬(伊藤直右衛門)의 양자가 되었기 때문에 이토라는 성을 칭하고 말단 무사신분을 얻었다.

1856년 막부의 명으로 조슈번이 경비를 담당하고 있던 사가미노쿠니(相模國: 오늘날의 가나가와현神奈川縣)에 파견되어 일찍부터 막부 말기 격동 속에 휘말리게 되었다. 1857년 그가 평생의 스승으로 삼은 구루하라 료조(來原良藏)의 지도를 받게 되었고 그해 가을 하기(萩)로 돌아와 쇼카손주쿠(松下村塾)라는 사설 학교에서 요시다 쇼인(吉田松陰)의 가르침을 받았다.

요시다 쇼인은 '일군만민론(一君萬民論)' '존황론(尊皇論)'을 주장하는 급진적 사상가였다. 그가 운영한 쇼카손주쿠는 수많은 메이지유신 지도자를 배출한 것으로 유명하나 실제로 그가 학생들을 지도한 기간은 길지 않다. 요시다는 해외 정세와 서양문물에도 관심이 많아 해외밀항을 시도하였고 양이운동을 펼치다 막부에 붙잡혀 스물아홉 살의 나이에 처형당했기 때문이다.

요시다는 1855년 숙부 다마키가 설립한 쇼카손주쿠를 인수하여 이를 주재하였다. 그는 선생으로서 자신의 사상을 조슈번에서 모여든 청년무사들에게 설파하였다. 이때 그의 문하생으로는 막부 타도의 선봉장 다카스키 신사쿠(高杉晋作), 존왕양이(尊王攘夷)운동의 지도자 구사카 겐즈이(久坂玄瑞), 메이지정부의 초대 총리 이토 히로부미, 메이지시대 외교를 주도한 이노우에 분타(井上聞多, 훗날 이노우에 가오루井上馨로 개명), 일본 육군의 아버지로 일컬어지는 야마가타 아리토모(山縣有朋) 등이 있고 메이지유신 3걸 가운데 한 명인 가쓰라 고고로(桂小五郎, 훗날 기도 다카요시木戸孝允로 개명)도 요시다의 영향 아래에 있었다. 쇼카손주쿠는 이러한 메이지유신의 주도세력을 다수 배출하여 메이지유신의 '성지'가 된다.

요시다는 '천하는 천황이 지배하고, 그 아래 만민은 평등하다'는, 즉 천황 아래에서 만인이 평등하다는 '일군만민론'을 주창하였다. 또한 그는 조선을 속국화하고 만주·타이완·필리핀 영유를 주장하기도 했다. 일본 중심의 팽창론 또는 침략론이다. 한편 요시다는 기존의 교육자들과 달리 교육의 대상에 신분이나 남녀의 구별을 두지 않았다(草莽崛起論). '존황론'과 밀접한 관련이 있으며 신분의 차별 없이 모든 이를 규합하여 막부를 타도하고 천황을 중심으로 새로운 정치체제를 수립하려고 하였다.

조슈 파이브: 메이지유신을 이끌어내 일본 근대화에 기여한 인물에 붙여진 이름이다. 이토 히로부미, 엔도 긴스케, 이노우에 마사루, 이노우에 가오루, 야마오 요조 5인이다.

1858년 요시다는 존황양이론을 주창하다 안세이(安政) 탄압으로 막부의 감옥에 갇혔고, 이듬해 심문을 받다가 로주(老中) 마나베 아키카쓰(間部詮勝)의 암살 계획을 자술하여 사형판결을 받고 만 29세의 나이로 참수되었다. 존왕양이를 위해서라면 직접적인 행동도 서슴지 않았던 행동파였다고 할 수 있다.

이토는 쇼카손주쿠를 통해 요시다를 만났고 이후 평생의 스승으로 떠받들었지만 요시다는 이토가 근대일본의 지도자가 될 인물이라고는 예상하지 못했다. 요시다는 이토의 성실성을 인정했으나 평범한 학생이라는 평가를 남기고 있다.

요시다의 사후 이토는 존왕양이의 적극적인 행동에 나선

다. 구사카 겐즈이, 다카스기 신사쿠, 기도 다카요시 등 쇼카손주쿠 출신 선배들의 영향을 받으며 양이운동에 뛰어들었다. 특히 다카스기를 추종하며 테러 행동을 하였는데 1862년 12월 국학자 하나와 지로(塙次郎) 등 개국파의 암살과 시나가와(品川) 영국공사관 방화사건에 참여하는 등 전형적인 존왕양이운동의 '지사'가 되었다.

이토에게 사상적 전환점이 된 것은 1863년 번(藩)의 허가를 받아 영국으로 유학을 가게 된 사건이었다. 이토는 1863년 6월 번주(藩主)로부터 양행 명령을 받고 엔도 긴스케(遠藤謹助), 이노우에 마사루(井上勝), 야마오 요조(山尾庸三), 이노우에 가오루(井上馨) 등 4명의 조슈번 사무라이와 함께 영국 총영사와 자딘 매디슨(Jardine Matheson) 상회의 도움을 받아 런던으로 밀항 유학했다. 그들은 유니버시티 칼리지 런던에 입학하여 공부하면서 영국의 실태를 체험하였고 이것을 계기로 개국론자로 돌아섰다. 서양과 일본의 군사적·경제적 격차를 실감하고 서양을 이기기 위해서는 먼저 힘을 갖추어야 한다는 생각을 하게 되었던 것이다. 그러나 이듬해 시모노세키 포격사건에 대한 보복으로 4국연합함대가 조슈를 공격한다는 보도를 접하자 일행 중 이노우에와 이토는 4월 중순 급거 귀국해 개국론을 주장하며 무력충돌을 저지하려 외교활동을 전개했으나 실패했다. 나머지 세 명은 영국에 3~6년간 머물며 조폐·공학·철도 등에 관해 공부하고 돌아와 일본정부에서 활약하게 된다.

그 뒤 막부-조슈전쟁(제2차 조슈정벌)과 번의 내전 등 잇따른 위기 상황 속에서 이토는 기도 다카요시를 따르며 무력 도막(倒幕)운동에 매진했다. 나가사키를 오가며 뛰어난 협상술을 통해 무기구입에 공을 세우며 도막파 지도자들에게 재능을 인정받은 이토는 왕정복고 후 신정부에서 조슈 출신의 유력 소장관료로서의 지위를 보장받게 된다.

제2장 메이지정부의 유력자로

　　1868년 메이지 신정부가 성립된 뒤 이토는 외국사무국 판사, 효고현(兵庫縣) 지사, 1869년 대장소보(大蔵少輔) 겸 민부소보(民部少輔), 1870년 조세두(租稅頭)를 거쳐 공부대보(工部大輔)로 승진했다. 기도 다카요시의 후원 아래 이노우에 가오루, 오쿠마 시게노부(大隈重信)와 함께 '개명파'로 불리며 서양문물을 적극적으로 도입하는 급진적 개혁을 추진했다.

　　특히 효고현 지사 시절인 1869년 1월 제출한 『국시강목(国是綱目)』에서는 번(藩) 제도를 폐지하고 천황을 중심으로 한 중앙집권적 체제를 만들자고 주장해 논란을 일으키기도 하였다.

1870년 새로 만들어진 공부성의 차관인 공부대보에 임명되어 철도·조선·광산·제철·통신·등대 등 식산흥업정책을 추진한다. 1870년 11월부터 이듬해 5월까지 재정·조폐제도 조사를 위해 미국으로 건너가 은행제도에 대해서도 조사한 뒤 귀국 후 일본 최초의 화폐법인 신화조례(新貨條例)를 제정하고 조폐·은행 제도 창설에 진력하였다.

불평등조약 예비교섭과 서양문물 견문을 목적으로 1871년 11월부터 1873년 9월까지 구미(歐美) 12개국을 시찰한 이와쿠라(岩倉)사절단에는 기도 다카요시, 오쿠보 도시미치(大久保利通)와 함께 부사(副使)로 참가했다.

첫 방문지 샌프란시스코에서는 사절단을 대표해 이른바 '히노마루 연설'을 했다. 서양나라들이 피비린내 나는 유혈사태를 통해 오랜 시간을 거쳐 봉건제를 폐지하였으나 일본은 피 한 방울 흘리지 않고 단기간에 폐번치현을 달성한 것을 과시하는 한편, 일본의 국기인 히노마루를 빗대어 일본이 떠오르는 아침 해와 같이 세계의 문명제국 가운데로 나아갈 것이라고 공언했다.

이와쿠라사절단은 미국에서 8개월간 체재하며 불평등조약 개정교섭을 시도하였으나 국제법과 서양 외교관례에 대한 이해 부족으로 좌절했다. 이후 서양문명 견문을 주요 목적으로 삼아 영국·프랑스·독일·러시아 등 유럽 각국을 방문하였다. 특히 1873년 3월에 베를린으로 건너가 독일제국 황제 빌헬름 1세를 알현하고 재상 비스마르크, 참모총장 몰트케 등과 회담하면서 일본의 개혁구상에 큰 영향을 받은 것은 잘 알려져 있다.

이토는 사절단의 여행 도중 지나친 구화(歐化)적 태도로 물의를 일으키기도 하였고, 전권위임장을 수령하기 위해 일시 귀국하는 등 무리하게 조약개정교섭을 추진해 사절단원들의 반발을 사기도 하였으며 이 사이 후원자인 기도와의 관계도 악화되었다. 반면 사절단 여행을 통해 사쓰마(薩摩) 출신 지도자인 오쿠보와 친밀한 관계를 형성하게 된 것은 이후 정권 내 지반을 확장하고 유력지도자로 성장하는 하나의 발판이 되었다.

유럽에서 귀국한 뒤 이토는 사이고 다카모리(西鄕隆盛) 등의 이른바 '정한론(征韓論)'에 대항해 '내치우선론'을 주장하며 이와쿠라, 기도, 오쿠보를 도와 정변을 승리로 이끌었다('메이지 6년정변'). 이 정변과정에서 '주선가'로서의 능력을 보여주며 정권 수뇌인 이와쿠라·오쿠보의 신임을 받게 되었고 '정한파'가 하야한 뒤 참의 겸 공부경(工部卿)으로 임명되어 참의 겸 대장경 오쿠마 시게노부와 함께 참의 겸 내무경 오쿠보 도시미치를 도와 식산흥업 정책을 추진했다.

사가(佐賀)의 난 이후 연이은 사족(士族)반란, 1874년의 타

이와쿠라사절단의 모습. 왼쪽부터 기도 다카요시, 야마쿠치 마쓰카, 이와쿠라 도모미,
이토 히로부미, 오쿠보 도시미치(1872년 런던)

이완침공, 1875년의 오사카(大阪)회의 등 불안정한 정치상황
속에서 이토는 정체취조(政體取調) 담당, 지방관회의 의장,
법제국 장관 등을 겸임하며 지배기구의 법제적 정비와 번벌
(藩閥)정권의 유지에 노력했다. 이토는 메이지 초기 신정부
지도자들에게 식견과 재능을 인정받아 중용됨으로써 매우
순조롭고 급속히 정부 내 유력관료로서 지위를 확보해갔다
고 할 수 있다.

천황친정운동

이토가 정치적 지위를 상승시켜가는 과정에서 그의 정치적 지향을 명확히 하는 계기가 된 것은 천황 측근들이 일으킨 이른바 '천황친정'운동이었다.

메이지정부가 수립된 직후부터 정부 수뇌부는 태정관(太政官)이 천황을 독점하는 방침을 견지하여 왔으나 모토다 등 궁중(宮中) 시신(侍臣)들은 점차 여기에 근본적인 의문을 품기 시작했다.

1877년 세이난전쟁(西南戰爭) 과정에서 '군덕보도(君德輔導)'를 위해 설치된 시보(侍補)들은 천황과 접촉을 심화함에 따라 정치에 천황의 의견이 반영되지 않고 내각 독단으로 국가의 중요한 결정이 이루어지는 데 불만을 가졌다.

이들은 "모든 면에서 성상(聖上)을 어린아이같이 대하는" 대신(大臣)들의 보필 태도에 분개했다. 따라서 시보들은 천황이 정치에 '예려(叡慮)'를 쏟는 것이 필요하다고 보고 이를 위해 오쿠보가 궁중에 들어오기를 원했다. 시보들은 실권자 오쿠보를 궁중으로 끌어들여 천황의 보좌역[宮內卿]으로 삼음으로써 명실 공히 '천황친정'을 실행하려고 계획하고 오쿠보는 물론 참의(參議) 이토 히로부미의 동의도 얻었다.

그러나 천황과 정치를 적극적으로 결합시키려는 정부 수

뇌부와 궁중의 동향은 서로 입장을 달리했다. 시보들이 '군덕보도'를 강화하여 실질적인 '천황친정(天皇親政)'을 실현하려고 한 데 반해 오쿠보와 이토는 천황과 내각의 결합을 강화하여 정부의 권위를 확고히 하려고 하였다. 이들은 천황의 권위를 활용하려 했던 것이지 천황이 능동적 군주로 등장하는 것을 기대한 것은 아니었다. 이들의 주된 목적은 천황과 내각이 일체임을 대내외적으로 보여 정부 내의 결속을 강화하고 반정부운동을 무력화하는 데 있었다.

당시 정부의 지도자 오쿠보도 궁내경 취임에 적극적인 의향을 보이고 있었는데 그것이 실현되기 직전인 1878년 5월 14일 불평사족에 의해 암살당했다. 이로 인해 시보들의 인사를 통한 '천황친정'의 구상은 저지되었다. 오쿠보의 암살은 정부 수뇌부는 물론 모토다 등 시보에게도 큰 충격을 주었다. 여기에 초조감을 느낀 모토다 등 시보는 5월 16일 대신(大臣)과 상담한 다음 천황에 상주하는 이제까지의 관례를 깨고 천황에게 직접 '만기친재(萬機親裁)'의 실행을 상주했다. 또 5월 18일에는 대신과 참의에게 기존의 정치를 비판하면서 '천황친정'의 실시, 천황과 내각의 밀접화, 천황이 내각에 참석할 때 시보의 배석 등을 요구했다.

이러한 주장의 핵심은 불안정한 정세를 안정시키기 위해 천황이 정치의 전면에 나설 것을 요구한 점이다. 그들은 단순한 군림자가 아니라 통치자로 천황을 파악하고 그 통치의 도구로 정부를 상정함으로써 종래의 '군덕보도론'을 뛰어넘는 '유사전제(有司專制)'의 비판으로서 '천황친정론'을 발전시켰다. 나아가 정치에 대한 천황의 의견을 잘 알고 있다고 스스로를 정당화하며 '천황친정'이라는 부정할 수 없는 원칙을 내세워 정치노선의 수정과 자신들의 정치에의 관여를 포함한 기구개혁을 요구했던 것이다. 이러한 시보들의 요구는 천황-내각(대신·참의)이라는 기존의 통로와는 달리 천황-시보라는 통로를 통한 천황 의사의 정치화와 시보의 권한확대론을 결합한 것이라 할 수 있다.

이러한 시보들의 권한확대론을 뒷받침한 것은 모토다의 군덕보도론에서 보이는 '군덕(君德)'에 의한 정치의 필요성, 그리고 자신들이 '천황친정'을 담당할 수 있다는 자부심이었다. 현실적으로 시보들은 천황은 물론 대신들과 친밀한 인간관계를 유지하고 있었고, 점진주의라는 정책의 방향성에서도 일치했다. 이를 바탕으로 대신들에게 정치의 개혁을 요구했던 것이다.

그러나 내각 측은 천황보도의 강화, 천황과 내각의 밀접화 요구는 받아들인 반면, 시보의 정치비판과 정치에 관여하고자 하는 요구에 대해서 거절했다. 태정대신 산조는 시보들에게 천황이 내각에 매일 임어(臨御)하고 각 성에도 친림하도록 하겠다고 알리는 한편, 친림 때 시보의 배석은 '궁부(宮府)의 별(別)'이라는 입장에서 거부했다. 이토도 "제실(帝室)과 내각은 구별되는 것이 당연하다", "시보의 직무는 어디까지나 내보(內補)의 직장(職掌)"이라고 설득하고, "천황친정이란 천황친림 외에는 있을 수 없다"고 하였다.

'천황친정'을 전면에 내건 정부로서는 천황의 명령(勅命)은 "정부가 천황에 상주한 것에 대해 천황의 결단으로서" 내려져야 할 것이지, 시보와 같은 국외 부처의 의견에 의거해서 내려져서는 안 된다는 것이 기본 생각이었다. 바꾸어 말하면, 궁중은 천황의 사생활의 장으로서 존재하고 있는 것이고 천황의 공적인 업무는 내각에 나와서 행해야 한다, 이것이 '궁부일체(宮府一體)'라는 것이다.

'천황친정'을 둘러싼 시보와 내각 사이의 이러한 대립의 밑바탕에는 군주제에 대한 해석의 차이가 있었다. 시보들은 통치자로서 군주의 인격에 의한 자의적 지배를 강조했다. 반면 내각 측은 군주의 권한은 내각을 통해서 표현되어야 한다는 법치주의 원칙을 견지하였다. 전자가 '궁중 속의 태정관'이라는 구상이라면 후자는 '태정관 속의 천황'의 입장이라고 할 수 있다.

즉, 천황친정운동은 시보들의 주도로 군주전제 체제를 실현함으로써 정치를 안정화하려 한 것이었지만, 이는 이토 등 번벌 관료들이 품고 있던 법치적·입헌적 국가 구상과 근본적으로 모순되는 것이었기 때문에 내각 측과 대립한 끝에 좌절되고 말았던 것이다.

'왕정복고' 이후 이토가 견지해온 '천황친정'은 대외적으로 정권의 정통성을 보장하는 정치이념일 뿐 실제 정치주체로서 천황의 '친정'을 의도한 것은 아니었다. 천황의 능동적인 정치관여를 제도화하려 했던 천황친정운동도 이토 등 정부 수뇌에 의해 결국 좌절되었다. 입헌제가 수립되기 이전의 근대 태정관제는 전제군주제의 형태를 띠고 있었지만 천황은 권위의 원천으로서만 기능하고 실제의 정치운영은 법치주의적 원칙 아래 번벌 관료들에 의해 이루어졌다고 할 수 있다.

자유민권운동과 입헌론

1877년 최대의 사족반란인 세이난전쟁의 와중에 기도와 사이고가 죽고, 이어서 1878년 오쿠보가 불평사족에게 암살되자 이토가 그 뒤를 이어 참의 겸 내무경에 취임하여 명실공히 번벌정권의 중심인물이 되었다. 민간에서 자유민권운동이 고양되는 가운데 오쿠마 시게노부, 이노우에 가오루 등과 함께 메이지정부의 개명파로서 입헌제도의 추진을 주도했다.

1876년 9월 '점차입헌정체 조직'의 취지에 따라 원로원에 '국헌'초안의 기초를 명하는 칙어가 내려져 10월부터 1880년 7월에 걸쳐 세 차례의 초안이 작성되었다. 유럽 각국의 헌법을 참고로 장기간에 걸친 조사 끝에 「국헌안」이 제출되었지만 내각에서 채택되지는 못했다. 원로원 「국헌안」은 영국식 입헌정체 구상이라는 평가를 받았다.

황제의 대권(大權)은 엄연히 인정되고 있지만 내각원에 대한 탄핵권 등 내각의 권한을 제한하고 있음을 볼 때, 「국헌안」은 의회(원로원)를 중심으로 입헌정치를 이끌어가고자 하는 구상이라고 파악할 수 있다. 이는 이 안을 기초한 원로원의 반내각적 분위기가 반영된 것으로 보인다. 당시 원로원은 칙선 의관으로 구성되어 있었지만 번벌정부에 대한 비주류파 불평분자가 상당수 그 자리를 차지하고 있었다. 나아가 재정정책에 관해 같은 입장을 취하고 있던 시보 등 천황 측근의 궁중그룹이 결합하여 원로원은 반(反)번벌 세력의 거점을 형성하고 있었다.

원로원의 제3차 「국헌안」이 완성된 직후인 1880년 8월 우대신(右大臣) 이와쿠라는 이 「국헌안」에 대해 아직 체재(體裁)가 완전히 갖추어지지 않았다며 받아들이기를 거부하였다. 태정관(太政官)에 '국헌심사국'을 설치하여 원로원을 비롯한 관료 중에서 40~50명의 심사위원을 칙선(勅選)하여 유럽 각국의 성법(成法)을 참작하고 그 포고 방식에 이르기까지 자세히 조사시킨 다음, 전국에서 대의원을 모아 널리 공론을 채택해야 할 것이라고 제안하고 있다.

같은 해 12월 이토도 「국헌안」에 대하여 유럽 각국의 헌법을 한데 모아놓은 것에 불과한 것으로 일본의 국체(國體)와 인정(人情) 등에는 조금도 주의하지 않고 유럽국가를 모방하려는 피상적인 견해라고 강하게 반대하면서 폐기하자는 이와쿠라의 의견에 동의하였다. 이러한 상태에서 1880년 12월 28일 원로원 「국헌안」은 일단 천황에게 제출되었지만 내각의 반대로 결국 채택되지 못한 채 묻혀버렸다.

이상과 같은 원로원 「국헌안」의 처리과정에서 알 수 있듯이 이토는 입헌정체의 수립에는 결코 반대하지 않았지만 즉각적인 실현에는 소극적이었다. 그렇지만 1870년대 말부터 1880년대 초에 걸쳐 자유민권파에 의한 국회개설운동이 고조되자 상황은 달라졌다. 민간의 국회개설 요구에 대항하면서 스스로의 주도권에 의해 입헌정치를 실현하는 것이 정부의 긴급한 정치적 과제로 부상했던 것이다.

1874년 '민선의원설립건백서' 제출을 통해 개시된 자유민권운동은 세이난전쟁 이후 운동이 재점화되었다. 1877년

6월 고치현(高知縣)의 입지사(立志社)는 교토의 행재소(行在所)에 있던 천황에게 민선의회의 개설과 입헌정체의 수립을 건의했다.

이어서 1878년 9월에는 오사카에서 애국사(愛國社) 재흥대회(再興大會)가 개최되었고 1879년 3월 제2회 대회에 이어 같은 해 11월에 열린 애국사 제3회 대회에서는 천황에게 제출할 「국회개설원망서(國會開設願望書)」를 다음 대회에서 심의 결정하기로 하였다. 이들 주장의 핵심은 헌법을 제정하기 전에 제헌의회를 소집하자는 것이었다.

1880년 3월 애국사는 전국의 2부(府) 22현(縣) 8만 7,000여 명을 대표한 114명이 참석한 가운데 오사카에서 제4회 대회를 개최했다. 여기서 애국사의 명칭을 국회기성동맹(國會期成同盟)으로 바꾸고 동맹의 규약을 결정했고, 대회가 끝난 뒤 가타오카 겐키치(片岡健吉)와 고노 히로나카(河野廣中)가 전국의 서명인을 대표하여 「국회개설의 윤가(允可)를 상원(上願)하는 서(書)」를 천황에게 제출했다.

이와 함께 전국 각지의 민권파는 앞다투어 국회개설의 청원과 건백운동을 벌여 1880년 한 해 동안에만 그 숫자가 88건에 이르렀다. 나아가 1880년 11월에는 국회기성동맹 제2회 대회가 도쿄에서 개최되었다. 이 대회를 통해 운동은 간토, 도호쿠, 기타큐슈 지방까지 확대되었으며, 또 이 대회에서는 1881년 10월로 계획된 차기 제3회 대회 때에 각 정치 결사별로 '헌법의견안'을 작성하여 모일 것을 결정했다.

이렇게 민권파에 의한 국회개설운동이 급격히 고조되는 가운데 1878년 5월 14일 정부의 실권자로 지목되던 참의 겸 내무경(內務卿) 오쿠보 도시미치가 도쿄의 기오이사카(紀尾井坂)에서 출근하던 중 습격을 받아 암살된 것은 정국에 큰 충격을 주었다. 오쿠보와 함께 이른바 메이지유신 3걸이라고 불리는 기도 다카요시와 사이고 다카모리는 이미 전해에 잇따라 세상을 떠났다.

결과적으로 오쿠보의 죽음은 메이지유신 이후 신국가 건설의 제1기가 마감되었음을 알리는 것이지만, 그의 주도 아래 실시되고 있던 여러 방면의 개혁노선은 이토 히로부미, 이노우에 가오루, 오쿠마 시게노부, 구로다 기요타카, 야마가타 아리토모 등 제2세대 정치가들에게 그대로 계승되었다.

이토는 오쿠보가 맡고 있던 내무경의 후임자가 되면서 정부 수뇌로 부상하였다. 당시 번벌정부가 당면한 중요 과제는 민간에서 점차 고조되고 있는 번벌정권에 대한 비판과 국회개설 요구에 대처하면서 자신들의 주도권 아래 입헌체제를 건설하는 것이었다.

정부로서는 1875년에는 이미 조칙으로 원로원, 대심원, 지방관회의를 설치하고 더불어 점차 입헌정체로 나아가겠다고 발표하였기 때문에 국회 개설을 무작정 미룰 수만은 없었다. 이러한 배경에서 이토 등 정부수뇌는 자신들의 장기적인 국가운영에 적합한 체제를 구축하기 위해 입헌제의 도입을 적극적으로 검토하기 시작했고 헌법제정이 주요 관심사로 대두되었다.

한편 메이지정부는 불평등조약의 개정이라는 대외적인 요청으로 인해 입헌제 수립이 필요해졌다. 1870년대 후반에 들어 미국과 러시아가 독자적인 대일본 외교를 시도하는 등 열강의 공동보조가 약해진 틈을 타서 일본 정부는 1878년 봄부터 조약개정 교섭을 시작했다. 당시 외무경인 데라지마 무네노리(寺島宗則)는 치외법권은 아직 일본의 법제가 완비되지 못해 회복하기 어렵다고 보고 관세자주권 회수를 위주로 각 국가별로 교섭을 진행하여 1878년 7월 미국과 조약을 개정하기까지 이르렀으나 영국의 반대론에 독일과 프랑스가 동조함으로써 수포로 돌아갔다.

이를 계기로 민간에서는 조약개정을 실현하기 위해서는 우선 국회를 개설해야 한다는 논의가 비등했다. 예를 들어 1879년 11월 22일 「조야신문(朝野新聞)」은 영국·독일·프랑스가 일본을 경멸하는 것은 일본에 국회가 없어 국민의 여론을 결집하지 못하기 때문이므로 일본이 조약개정을 실행하고 치외법권을 격파하려 한다면 하루빨리 국회를 개설해야 한다고 주장하고 있다. 이리하여 불평등조약의 개정에 대한 요청은 '유사전제'에 대한 비판과 맞물리면서 국회개설운동으로 발전해나갔다.

이와 같은 민권파 주도의 국회개설운동에 대해 이토는 정부당국자의 입장에서 불신감을 갖고 있었다. 애국사 재흥대회가 열린 1880년 3월 19일 이토는 상주서를 통해 민권파를 비판했다. 이토는 실의에 빠진 전직 관료와 불평사족이 당을 결합해서 인민을 선동하고 쓸데없이 정체를 변혁하려 한다고 생각했다. 즉, 민권파 주도의 국회개설운동을 불평사족들이 민중을 선동하는 것으로 보았던 것이다.

국회개설에 대한 정부 내외의 요청이 거세지는 가운데 1879년 12월 참의 야마가타 아리토모는 우대신 이와쿠라에게 국회개설에 대한 정부의 입장을 시급히 정해야 한다는 국회개설 상주안을 제출했다. 이것이 받아들여져 1880년 2월 태정대신 산조 사네토미(三條實美) 등 3대신은 참의들에게 각자의 헌법의견을 제출하도록 명했다. 이후 1881년 5월까지 참의들의 입헌제 수립에 관한 의견서가 연이어서 제출되었다. 제출된 참의들의 헌법의견은 민간의 국회개설 요구에 대응하여 처음으로 정리된 정부 측의 입헌제 구상이라고 할 수 있다.

먼저 야마가타 아리토모는 '특선의회'를 설치하자고 주장했다. 부현회 의원 가운데 덕식이 있는 자를 발탁해 의원으로 임명하고 임시로 몇 년간 헌법 및 법령을 논의하게 해 입법의 대권을 맡기기에 족하다고 판단되면 이를 민회로 바꾸어야 할 것이라고 말했다. 야마다 아키요시(山田顯義)는 인민에게 참정권을 허용할 만한 사항을 정해 임시헌법으로 만들어 4~5년에 걸쳐 원로원과 지방관회의에서 시험한 다음 그 가운데 헌법을 확정해 특명으로 포고해야 한다고 주장했다. 이노우에 가오루는 먼저 민법을 편성한 뒤에 이어서 헌법을 제정하고 여론의 동향에 따라 국회를 개설해야 한다고 주장했다. 내용은 다소 상이하지만 세 명 모두 점진적으로 국회를 개설해야 할 것이라는 의견이다.

이에 비해 구로다 기요타카는 국회개설의 시기상조론을 주장했다. 그는 교육을 개량하고 민법과 형법을 정비해야 하며 산업을 진흥한 뒤 국회를 개설해야 한다고 말했다. 오키 다카토(大木喬任)는 만국무비(萬國無比)인 일본의 국체에 적합한 제헌(制憲) 및 정체를 흠정(欽定)한 뒤 국회개설 시기를 정해 공포해야 한다고 주장했다.

이토도 1880년 12월 의견서를 제출해 기존의 원로원을 확장하고 원로원 의관을 화사족(華士族) 가운데에서 선출하자는 원로원 경장론(更張論)과 공선검사원의 설치를 주장했다. 이토의 의견서에 따르면 국회를 서둘러 개설할 필요는 없고 점진적 방법으로 서서히 개혁하는 것이 바람직하다고 보고 있다. 이를 위해서는 화사족 가운데에서 의원을 취해 원로원이라는 이름에 걸맞게 하는 것이 가장 적절하다고 주장한다. 그리고 재정권을 국민과 공유하는 것이 입헌국의 최대의 의무라고 했다.

그러나 이토는 국민의 재정관여를 인정하는 여탈(與奪)의 권리는 천황이 전유(專有)하는 것이라고 말했다. 그는 또 원로원 개혁론과 공선검사원의 설치를 상술하고 있다. 원로원 개혁은 정부에 적대적인 자세를 보이는 사족층을 우대해 정부의 지지기반으로 육성하기 위한 것이고, 공선검사원은 민간이 크게 의심하고 있는 재정을 공개해 "인민으로 하여금 스스로 재정의 정확함을 검증하게 하기" 위해서였다. 마지막으로 천황의 결단에 의해 점진주의의 방침을 정하도록 요구했다.

참의들은 국회가 개설되기 전에 헌법을 제정해야 한다는 면에서 모두 일치하고 있었다. 민간에서 주장하고 있던 국회 개설 우선론('헌법제정회의' 소집론)은 일체 부정되었다. 이들의 의견은 정치체제를 변혁하면서도 안정적인 입헌제 도입을 위해서는 민선의회를 설치하기 전에 원로원이나 특찬의회(特撰議會)나 상의원(上議院) 등 '정부 내 의회'를 설치하여 운영함으로써 정부의 지지기반을 확대하고 경험을 축적해야 한다는 것이었다.

구로다와 오키 다카토 등의 보수적 의견을 포함해서 참의들은 국회개설과 입헌정치의 실현을 어디까지나 정부개혁의 연장선상에서 파악하고 있었다. 이들은 민간에서 주장하는 '헌법제정의회'라는 의미의 국회개설은 부정하고 국회의 개설을 위해서는 다양한 준비작업이 필요하다고 보았다.

이런 의미에서 그들의 주장은 모두 점진론이었다. 참의들의 '헌법의견'은 입헌정치의 실현을 장래의 과제로 보고 있었기 때문에 입헌정체의 구체적인 내용을 담고 있지는 않으나 이를 통해 정부 측의 기본적 자세를 살필 수는 있다. 이들의 점진론적 입장을 바탕으로 이후 정부의 입헌제 수립 방침이 정해지게 된다.

1881년 정변

입헌제 수립에 관한 참의들의 의견이 제출되는 가운데 입헌론을 둘러싼 정부 내의 대립을 불러온 것은 1881년 3월 참의 오쿠마 시게노부가 제출한 입헌정체 의견서(國會開設奏議書)였다. 오쿠마의 입헌정체에 관한 의견은 다른 참의의 점진론과 대비되는 급진적인 내용을 담고 있을 뿐만 아니라

장차 수립할 국가체제에 대하여 서로 다른 구상을 담고 있었기 때문이다. 이 의견서의 제출로 인해 정부 내에서 국가체제의 형태에 대한 대립이 본격화한다.

오쿠보 도시미치가 암살된 이후 구심력이 느슨해진 대신과 참의 등 정부수뇌 사이에서는 1880년에 접어들어 재정정책을 둘러싼 대립이 두드러졌다. 1880년 봄부터 세이난전쟁에 소요된 전비의 지출과 인플레이션으로 정부 재정이 위기에 처하자, 이를 해소하기 위한 방책으로 정부 내에서는 외채를 차관하자는 안(外債論)과 지조(地租)를 금납 대신에 미납(米納)으로 하자는 안(米納論)이 연이어 제시되었다.

이를 둘러싸고 대신 참의는 찬반양론으로 나뉘어 격렬한 논쟁을 벌였으나 두 안이 모두 부결되었다. 이것은 정부의 재정문제와 관련된 대립이었지만 이를 통해 국회개설 문제는 더욱 현실적인 문제로 제기되었다. 이 논의과정 중에서 대신과 참의 등 정부수뇌가 구체적 정책에 대한 입장 차이로 심각한 대립을 야기한 것은 현 정치체제의 모순을 드러낸 것이고, 따라서 정부의 분열을 방지하고 일관된 정책을 시행하기 위해서는 국회의 개설이 필요하였기 때문이다.

그렇지만 정부수뇌의 입장에서 본다면 입헌정치의 수립은 민간의 여론에 떠밀려 이루어져서는 안 되며 어디까지나 정부의 주도 아래 충분한 준비를 갖춰 위로부터 실현해야 할 문제였다. 따라서 먼저 입헌제 수립의 기본원리·구체적 내용·실시 시기와 이에 관한 절차에 대해 정부 내부의 의사를 통일할 필요가 있었다.

이러한 상황에서 1881년 1월 중순 정부를 주도하던 구로다 기요타카, 이토 히로부미, 이노우에 가오루, 오쿠마 시게노부 등 참의는 아타미(熱海)에서 헌법제정과 국회개설 문제로 모임을 가졌다. 이 모임에서 이들은 전년도의 재정문제를 둘러싼 논의와 마찬가지로 완전한 일치점을 찾지는 못하였다. 하지만 입헌제 수립 작업을 조기에 진행한다는 데 합의하였다. 이어서 1881년 3월부터 산조 등 3대신도 참의들의 헌법의견을 중심으로 해서 본격적으로 입헌제를 논의하기 시작하였다.

입헌론을 전담한 좌대신 아리스가와노미야 다루히토(有栖川宮熾仁)는 3월 하순 그동안 '헌법의견' 제출을 미루어온 수석참의 오쿠마를 독촉하였다. 이 요청에 대해 오쿠마는 처음에는 구두로 의견을 제시하였으나 아리스가와노미야의 요구로 상주문 형식의 「헌법의견서」를 제출하였다. 그는 의견서를 제출하면서 천황이 보기 전에는 다른 대신과 참의에게 공개하지 말라는 부탁을 했다고 한다. 오쿠마는 자신의 의견이 다른 참의들의 견해와 크게 달라 물의를 일으

킬지도 모른다고 생각하고 천황의 동의를 얻은 후에 공개하려고 했던 것 같다. 그렇지만 상주문의 급진성에 놀란 아리스가와노미야가 산조와 이와쿠라에게 이를 회람시키면서 이후 오쿠마의 의견은 다른 참의들과의 대립을 불러오게 된다.

오쿠마의 의견서의 내용은 먼저, 조속히 헌법을 제정하고 국회를 개설하자는 것이었다. 입헌정치의 본질은 정당정치인데 아직 정당이 없는 일본에서 갑자기 국회를 열 경우 도리어 정치상의 혼란과 소란이 일어날 것이므로, 국회 개설 포고 후 1년 또는 1년 반 정도가 경과하면 정당도 발생하고 국회의 필요성에 대해 인민들도 그 득실을 판정할 수 있을 것이라고 하였다.

이어서 오쿠마는 영국식 의원내각제의 채용을 강조하고 있다. 의원 중 과반수를 점하는 정당의 당수에게 내각을 조직하게 할 경우 입법부를 지배하는 권한과 행정의 실권을 아울러 가지도록 해야 강력하고 능률적인 시정이 가능하다는 것이다.

이러한 오쿠마 의견서는 기존의 전제군주 체제를 변혁하여 정당내각제를 기초로 한 입헌군주 체제를 구상했다는 점에서 획기적인 의미를 가진다. 의견서에는 천황에 관한 규정이 빠져있고 헌법을 흠정(欽定)으로 제정하자고 주장하고 있어 영국식의 입헌군주제에 철저했다고 할 수는 없다. 그러나 의원내각제를 취하는 이상 천황의 전제성은 제한되지 않을 수 없다.

또 오쿠마가 주장하는 정당내각제는 기존 정부의 배타적 독재권을 부정하는 것으로 군주권을 확립하고 그것을 방패로 자신들의 권력을 유지하려는 사쓰마(薩摩) 조슈(長州) 중심의 번벌정권 존립에 직접적인 위협을 주는 것이었다. 이것은 나아가 정부가 정통성의 근거로 삼고 있는 천황친정이라는 형식을 부정하는 것이기도 하여 정부 수뇌부에 커다란 충격을 주었다.

즉 오쿠마의 「헌법의견서」는 민권파의 움직임에 대해 정부가 오히려 선수를 쳐서 헌법제정의 헤게모니를 잡고자 하는 데 주안점을 둔 것이었다. 따라서 이 구상은 기존의 국가체제를 근본적으로 변혁하려고 한 것은 아니었다. 천황과 대의정체의 조화 그리고 흠정헌법의 원칙에서 알 수 있듯이 기본적인 국가체제구상에서는 다른 참의들의 의견과 다르지 않았다.

다만 정당내각제를 통해 번벌독재를 해소하고 정부를 강화하려는 의도에서 정당내각제를 주장한 것이다. 즉, 입헌제 수립과정에서 정당내각제를 채용함으로써 사쓰마-조슈 번벌지배를 해소하고 한편으로 그 과정에서 자파가 정부의 주도권을 잡도록 의도한 것이다. 이는 오쿠마 자신보다도 측근 참모들의 동향을 주시해보면 분명히 드러난다.

이와 같은 오쿠마의 의견서에 가장 민감하게 반응한 것은 우대신 이와쿠라였다. 이와쿠라는 오쿠마의 의견이 다른 참의와 비교해서 매우 급진적이라는 점에 당혹해 오쿠마에게 그 취지를 물었다.

오쿠마는 이에 대해 '금일의 시세(時勢)에 이르러 고식적인 방법으로는 안 된다. 비유하자면 문을 한쪽만 열었을 때 한꺼번에 군중이 몰려들어오는 것과 같다. 이럴 바에야 차라리 양쪽 문을 동시에 열어서 안으로는 온 관료가 힘을 합치고 밖으로는 국회개설론자보다 먼저 국헌을 실행하는 것이 적당한 방책'이라고 말했다. 입헌제 수립에서 정부의 주도권을 포기한 것이 아니라는 점을 강조한 것이다.

그러나 이후 이토가 오쿠마의 의견서를 보면서 상황은 급전되었다. 6월 27일 산조의 허락을 받아 오쿠마의 의견서를 필사해 본 이토는 그 내용에 크게 반발하고 사직의 뜻을 밝혔다. 이토가 이러한 반응을 보인 것은 표면적으로는 예전부터 뜻을 같이해왔던 오쿠마가 자신에게 알리지도 않고 밀주(密奏) 형식으로 의견서를 제출했다는 데 있지만, 입헌제의 기본 구상과 국회개설시기를 둘러싸고 다른 의견을 가지고 있었기 때문이기도 하다.

더구나 오쿠마의 동향을 볼 때 민권파 세력이 그 배후에 존재할지도 모른다는 의혹이 오쿠마에 대한 이토의 경계심을 더 강하게 만든 것으로 보인다. 그러나 이 당시까지 이와쿠라나 이토 등 정부 수뇌의 입헌정체에 관한 의견은 확실히 정해져 있지 않았다. 오쿠마 의견서의 내용과 그 배경에 있는 일파의 동향을 알고서 그것에 대응했다고 할 수 있다.

오쿠마의 입헌정체 의견서에 위기감을 느낀 우대신 이와쿠라는 1881년 6월 태정관 대서기관 이노우에 고와시(井上毅)에게 오쿠마의 의견서를 보이고 헌법의견을 기초하도록 했다. 이노우에는 오쿠마의 의견서를 일독한 뒤 영국을 모범국으로 상정한 급진주의라고 단정하고 그 대안으로서 독일의 예를 들었다. 이노우에는 독일의 경우에는 영국과 같이 행정의 실권을 의회에 부여하지 않는다고 주장했다. 그는 영국식 의회주의와 대비되는 프러시아 헌법론에 기초한 헌법의견을 제시하였고 이것은 7월에 이와쿠라의 헌법의견서로 상주되었다.

이 이와쿠라 헌법의견서를 통해 이노우에는 영국의 의회주의적 정치운영과 프러시아의 군권주의적 정치운영을 상호 비교했다. 영국의 의회는 입법권뿐만 아니라 행정의 실권도 장악하여 국왕은 '허기(虛器)'를 안고 있을 뿐이다.

이에 반해 프러시아는 입법권은 의회에 부여하고 있으나 행정권은 오로지 국왕의 수중에 있다. 지금 갑작스럽게 영국의 정당정치를 받아들인다면 곧바로 국회를 열어 내각을 바꾸어야 할 것은 명백하므로, 프러시아를 본떠 점진적 방법을 택함으로써 뒷날의 여지를 두는 것이 좋을 것이라 믿는다고 주장하였다.

이노우에가 의도한 것은 프러시아헌법을 철저하게 모방하려고 한 것이 아니라 영국을 모델로 하는 정체구상을 채용하지 않으려는 것이었다. 그는 입헌제 모델을 국가별로 단순화하고 그 차이를 강조하여 급진론-영국형, 점진론-프러시아형으로 양분했다. 그렇지만 프러시아형 군권주의가 영국형 의회주의보다 원리 원칙적으로 우세하다고 논한 것은 아니다.

어떠한 제도나 조직이 적절한가는 개별 국가의 역사 및 국정에 따라 다르다고 하면서, 영국이 군권주의를 배우려 해도 거꾸로 프러시아가 의회주의를 받아들여도 모두 분란을 초래하는 것을 피하기 어렵다는 점을 지적하고 있다. 만약 일본이 영국식 체제를 채용한다면 천황은 '왕정복고 이전과 같이 허기(虛器)를 끌어안고' 있는 명목적 존재가 될 것이기 때문에 '천황친정'체제에 맞는 프러시아형 입헌론을 선택하자고 주장한 것이다.

이노우에에 의해 작성된 「이와쿠라 헌법의견서」는 이노우에의 적극적인 공작으로 점차 정부 수뇌부의 동의를 얻게 된다. 이토는 기존 체제의 유지와 지배의 효율성이라는 관점에서 프러시아형 입헌론으로 기울었다. 이토는 강대한 군주대권을 헌법에 명시하고 관료내각이 군주대권의 실제 행사권은 가지면서 의회의 권한을 가능한 한 최소화하려고 생각했다.

이토는 입헌제의 도입으로 군주와 의회 양측의 권한을 제한하고 내각의 입지를 최대한 확보하려고 부심한 것이다. 이러한 면에서 본다면 이토의 생각은 프러시아의 입헌제를 그대로 수용하기보다는 프러시아형 입헌론을 이용해 영국식 정당내각제론을 배척하는 데 있었던 것이라 할 수 있다.

어쨌든 이노우에 고와시가 기초한 「이와쿠라 헌법의견서」를 통해 이토는 민권파의 헌법론에 반박을 가하면서 입헌론을 주도할 자신감을 갖게 되었다.

이와쿠라는 이노우에가 제시한 「대강령」을 헌법 기초의 기본 방침으로 해서 헌법 기초작업을 서둘러 착수해야 한다고 주장했다. 이토도 사의를 철회함과 동시에 이노우에 가오루 등의 지원을 받으면서 오쿠마파를 물리치고 입헌론의 주도권을 잡기 위해 대신 참의들에게 적극적으로 공작을 전개하였다.

오쿠마의 입헌정체의견서 제출 후 본격화된 정부 내 입헌론의 대립은 1881년 후반 '개척사관유물불하(開拓使官有物拂下)'사건을 통해 가속화되었다. 1881년 7월 말 각 신문은 개척사 관유물 불하의 문제점을 일제히 폭로했다. 사건의 발단은 메이지 초부터 홋카이도 개척을 맡고 있던 개척사가 1881년을 기해 폐지되게 되었는데, 이와 동시에 1,410만 엔을 투자한 관영사업을 불과 38만 7,000엔에 그것도 30년부 무이자 상환이라는 조건으로 개척사의 관리가 만든 홋카이사(北海社)와 간사이무역상회(關西貿易商會)에 불하한다는 데 있었다.

당시 개척사 장관은 사쓰마계 참의 구로다 기요타카였고 불하 상대는 같은 사쓰마 번사 출신인 고다이 도모아쓰(五代友厚)가 경영하던 간사이무역상회였기 때문이다. 민권파로부터 관료와 정상(政商)의 부정한 결탁관계이고 번벌전제 정치의 폐해가 나타난 것이라는 비난이 쏟아지고 정부를 공격하는 연설회가 각지에서 개최되었다.

민권파는 정부의 번벌과두적(藩閥寡頭的) 성격과 재정 및 경제정책 전반에 공격을 가함과 함께 그것을 국회개설 문제와 결합시켜나갔다. 즉, 입헌정체야말로 번벌정치의 폐해를 제거할 수 있는 유일한 길이라고 강조했다. 이와 함께 불하 경과에 대한 정부 내부의 기밀이 신문지상에 보도되자 정부 내에서는 기밀 누설에 대한 의심의 눈길이 불하에 반대한 오쿠마와 그 일파의 관료에게 향했다.

이러한 움직임이 민권파계 신문과 미쓰비시(三菱) 회사, 후쿠자와 문인(門人)에 의한 불하반대운동과 맞물려 오쿠마와 민권파가 결탁하여 삿초(薩長) 정부를 전복하려 한다는 '오쿠마 음모설'이 유포되었다. 또 오쿠마의 일방적인 인재 등용도 '음모설'의 증거로 해석되면서 사태는 점차 커졌다. 이리하여 이전부터 진행되고 있던 입헌론을 둘러싼 정부 내의 대립은 정권의 주도권 다툼으로 발전했다.

이토를 중심으로 한 삿초 관료들의 입장에서는 민권파의 반정부 공세를 그다지 두려워하지 않았다 하더라도 만약 그것이 오쿠마와 같은 정부 내의 실력자와 결합하는 사태로 발전하는 일은 그대로 방치할 수 없었다.

이토는 이와쿠라에게 '국회론'의 정국을 빨리 종결시키지 않으면 메이지정부에서 사쓰마·조슈의 공적도 수포로 돌아갈 뿐만 아니라 후세에 화근을 남길 것이라고 지적하면서 결단을 요구했다. 나아가 이토는 이와쿠라의 협력을 얻어 오쿠마를 추방함으로써 사태를 수습하고 입헌론의 주도권을 장악하려고 나섰다.

당시 천황은 도호쿠와 호쿠리쿠 지방을 순행(巡幸) 중이었는데 도쿄에서는 이토를 중심으로 삿초 참의들이 결속하여

9월 초순에는 흠정헌법주의에 따른 프러시아형 헌법의 제정과 국회개설에 관한 기본 방침을 확정하고, 그것에 기초한 정치개혁과 오쿠마의 축출 계획을 착착 진행시키고 있었다. 오쿠마 등 순행에 수행한 3명의 참의를 제외하고 도쿄에 남은 7명의 참의 중에서 이러한 방침을 확립하는 데 주도권을 잡은 것은 이토와 이노우에 가오루를 중심으로 한 조슈 출신의 참의였다.

1881년 9월 말부터 10월 초에 걸쳐 구로다 등 사쓰마계 참의와 이토 등 조슈계 참의가 오쿠마 배격을 목표로 궁중 그룹과 중정당(中正黨)의 주장을 일부 받아들이면서 통일된 행보를 취함으로써 오쿠마파는 정부 내에서 고립되었다. 10월 9일 정부의 대신과 참의들은 국회개설의 기일을 약속하는 칙유(勅諭)의 발포·오쿠마의 해임 절차·내각과 원로원의 개혁·참사원(參事院) 설치·개척사 불하 중지 등에 대해 협의를 완료하였다.

천황이 순행에서 귀경한 10월 11일 밤, 7명의 참의와 3대신이 참석한 가운데 어전회의가 열렸다. 천황은 개척사사건과 오쿠마 추방을 관련시킨 데 대해 의문을 품었지만 결국 내각이 일치된 의견을 피력하였으므로 이를 받아들여 다음 날 불하처분 중지, 오쿠마의 해임과 함께 1890년을 기해서 국회를 연다는 조칙을 발표했다. 이러한 1881년 정변을 주도한 리더십을 통해 이토는 점진적 체제개혁론을 주장하며 번벌정권의 지도자로서 지위를 더욱 굳혔다.

제3장 입헌정치체제의 수립

입헌체제 수립 구상

이토는 1881년 정변을 통해 정권의 주도권을 장악했으나 프러시아형 입헌제 수립론에 반드시 동의했던 것은 아니었다. 그가 주도해서 작성한 1881년 10월 11일의 입헌정체에 관한 주의서(奏議書)에서는 국체를 바탕으로 헌법을 제정해야 한다는 원칙론에 입각해 국회개설에 앞서 이전부터 자신이 주장해온 원로원 개혁과 육해군의 통수권 확립의 필요성을 강조하는 데 그치고 있다. 다음 날 공포된 국회개설의 조칙에서도 정부 주도의 점진론을 언급하고 있을 뿐 프러시아형 입헌제를 도입한다는 문구는 들어 있지 않았다.

이토의 입장에서 보면 급진적인 오쿠마의 영국식 정당내각제론을 강력히 배척하긴 했으나 이노우에 고와시가 적극적으로 권유한 프러시아형 입헌제 수립론에 즉각 동조할 생각은 없었다고 할 수 있다. 나아가 정변 후 이토는 원로원과 화족제(華族制) 개혁에 대한 자신의 주장이 정부 내의 반대에 부딪혀 입헌제 수립의 돌파구를 찾지 못한 채 고심하고 있었다. 이러한 배경에서 이토는 주위의 권유를 받아들여 유럽으로 떠나게 된다.

1882년 3월 14일 9명의 수행원을 데리고 일본을 출발한 이토는 5월 중순 베를린에 도착한 이후 13개월 동안 오스트리아·프랑스·영국·러시아 등에 체류하며 입헌제도 조사를 실시했다. 독일에 도착한 이토는 먼저 아오키 슈조(靑木周藏) 공사 등과 협의해 조사 순서와 방법 등을 정한 뒤 저명한 법학자이자 국회의원인 그나이스트(Rudolf von Gneist)를 소개받았고 독일황제 빌헬름 1세와 비스마르크와도 만났다.

그러나 그나이스트는 일본의 국회개설에 부정적이었다. 그나이스트는 헌법은 '정신'·'국가의 능력'이라고 말하고 일본에 당장 입헌정치를 실시하는 것은 적당하지 않다는 생각을 하고 있었다. 당시 수행원의 한 명이었던 요시다 마사하루(吉田正春)의 회상에 따르면, 그나이스트는 불가리아를 예로 들어 자기 친구가 6개월 만에 불가리아의 헌법을 작성한 뒤, "구리 그릇을 금으로 도금하는 것이었기 때문에 그리 힘들지 않았다"고 한 말을 듣고 조사단 일행은 호텔로 돌아와 분개했다고 한다.

그나이스트의 이 발언은 입헌제도 조사의 대상국으로 가장 먼저 독일을 선택한 이토 일행에게 실망감을 안겨주었다. 그나이스트는 격일로 이토와 담화를 나눈 것으로 돼 있지만 이토의 입헌제도 조사에 그다지 적극적으로 응하지 않았으며 실제로는 그의 제자인 못세(Albert Mosse)가 강의를 담당했다. 못세의 강의 내용은 프러시아 입헌정체의 연혁에서부터 국왕의 행정권·왕위계승 순서·귀화법·국민의 권리와 의무·지방자치제도·의원조직·양원의 관계·법률과 칙령·사법조직·내무경찰 등에 이르는 독일헌법학의 전반에 걸쳤다. 하지만 너무 학문적이고 축조적(逐條的)인 해설이었기 때문에 이토의 기대를 충족시켜주지 못했다.

그러던 가운데 이토는 1882년 8월에는 여름휴가를 이용해 빈 대학교 교수인 슈타인(Lorenz von Stein)의 강의를 들을 기회를 얻었다. 슈타인은 그나이스트와 달리 영어로 강의했을 뿐만 아니라 일본에 대해 호기심이 있었기 때문에 일본 사정에도 밝았다. 또 사회학적인 분석으로 구미 입헌정치의 핵심에 대해 설득력 있는 설명을 해주었기 때문에 그나이스트와 못세의 강의와는 달리 이토를 매우 만족시켜주었다.

슈타인은 영국·독일·프랑스 3개국의 국체 및 다양한 학설을 명쾌하게 설명했다. 슈타인은 입헌정체를 군주입헌체와 공화체로 대별한 다음, 군주입헌정체에서는 입법과 행정을 병립시키고 군주가 이 두 조직의 위, 즉 불가침적인 지위에 서서 국가를 통괄해야 한다고 말했다. 그리고 설령 군주국이더라도 "군권이 완전하지 않으면 그 정체는 공화이며, 국가통치 권한이 국회에 치우쳐 재상의 진퇴가 국회의 다수에 의해 이루어지면 공화"라고 설명했다.

이렇듯 국가를 인체에 비유하면서 입헌정체를 설명하는 슈타인의 이른바 국가유기체설은 이토가 주장해온 군주제를 기반으로 한 입헌제의 수립과 국가기구 개혁론에 합치했기 때문에 그는 크게 공감한 것으로 보인다. 8월 11일 이와쿠라에게 보낸 편지에서는 자신감에 찬 어조로 입헌제도 조사의 성과를 보고하고 있다.

이토는 유럽 입헌제도 조사를 통해 입헌제 수립의 자신감을 얻었다. 그는 "두 선생으로부터 국가조직의 큰 틀을 이해하게 돼 체제구상의 전망을 충분히 세웠을 뿐만 아니라 영국·미국·프랑스의 자유과격론자의 저술을 금과옥조처럼 잘못 믿는 일본의 현 상황을 타개할 방도와 수단을 얻었다"라고 말했다. 이는 전제군주에 대항해 입헌제를 쟁취한 구미와는 달리 일본에서는 자유과격론에 이끌려 입헌제를 도입할 것이 아니라 천황제를 중심으로 기존의 여러 국가기구를 입헌적으로 바꿈으로써 입헌체제의 수립이 가능하다는 확신이었다.

이토는 이전부터 천황제를 중심으로 한 안정적인 입헌제를 모색해왔는데 슈타인의 강의를 통해 자신의 구상을 구현할 전망을 얻었다. "오늘날 프러시아가 부국강병을 이루어 국민의 안녕과 행복을 유지하고 증식하는 까닭은 결코 자유민권의 뿌리로부터 나오는 것이 아니"라고 인식하였다. 그리고 슈타인을 통해 군주권력과 의회세력이 대립하는 입헌제가 아니라 군주주권과 행정권을 분리하고 군주제 아래에서 입법부와 행정부가 균형을 취하는 안정적인 입헌체제를 수립할 수 있는 길을 발견하였다.

나아가 이토는 입헌정치의 상대화에 의해 헌법에서 행정으로 관심을 옮겨 "설령 아무리 좋은 헌법을 제정하고 좋은 의회를 개설하더라도 행정(施治)이 좋지 못하면 성과를 거둘 수 없다"고 말하며, 행정조직 정비의 중요성을 강조하고 있다. '행정'의 강조는 이토의 일관된 국가기구개혁론의 연장선상에 위치한 생각이었다고 말할 수 있다.

1882년 10월 말 베를린으로 돌아온 이토는 이듬해 2월

9일까지 못세의 나머지 강의를 듣고 북부독일·벨기에·파리·런던·상트페테르부르크 등을 여행하면서 각국의 헌법을 연구하고 입헌정치의 실태를 견문한 다음 귀국길에 올랐다.

궁중개혁

1883년 8월 3일 이토 히로부미 일행은 요코하마에 도착했다. 유럽에서 입헌제도 조사를 통해 국가체제 구상을 확정하고 입헌지도자로서의 자부심을 갖고 귀국한 이토는 입헌제 수립과 관련해 관민(官民)으로부터 많은 기대를 모았다. 귀국 직전에 사망한 우대신 이와쿠라 도모미가 사라진 메이지정부에서 실질적인 최고지도자의 위치도 확보하였다.

그러나 한편으로는 독일식의 군권만능 전제주의를 일본에 도입할 것이라든가, 또는 영국식의 의회중심제도를 일본에 이식할 것이라는 소문도 무성했다. 특히 궁중 관계자 가운데에는 궁중제도를 서양식으로 개혁함으로써 천황 대권에도 영향을 미칠지 모른다고 우려하는 사람도 적지 않았다.

그런 상황 속에서 1883년 9월 19일 이토는 천황을 배알하고 자신의 기본방침을 밝혔다. 유럽 입헌정치의 원칙에 따르면 조세를 부과할 때는 부담자의 승인을 받아야 한다고 하지만 사실상 영국을 제외한 다른 나라에서는 적용되지 않는다. 그리고 삼권분립론에 따르면 의회는 입법만을 담당하는 것으로 보고 있다고 말하고, 일본에서는 '국체'에 바탕을 둔 흠정헌법을 기초할 것이라는 입헌제 수립의 기본방침을 밝혀 천황과 보수 관료들을 안심시켰다.

이후 이토는 궁중개혁을 비롯해 국가기구개혁에 본격적으로 착수했다. 이토가 헌법제정에 앞서 먼저 기구개혁에 나선 것은 유럽 체류 중에 슈타인의 가르침을 받아 헌법제정과 국회개설 전에 "제가(帝家)의 법, 정부의 조직 및 입법부 조직"을 확립할 필요성을 느끼고 있었기 때문이다. 또한 먼저 재상의 직권과 책임, 관청의 구성과 관리의 규칙, 시험 방법 등 '행정'의 조직과 규칙을 확정해야 한다고 생각했다. 이토가 궁중개혁, 내각제도의 개혁을 단행하는 이유는 말할 필요도 없이 입헌제 시행을 준비하기 위해서였다.

궁중개혁에 관해서는 1882년 12월 이와쿠라 우대신의 건의로 궁내성에 내규취조국(內規取調局)이 설치되어 있었다. 이와쿠라가 내규취조국의 총재 대리 자격으로 황실전칙(皇室典則) 외에 작위령(爵位令), 화족령(華族令) 등에 관한 조사를 진행했으나 그 목적을 달성하지 못하고 이토가 귀국하기 전에 사망했다. 따라서 이토는 1883년 12월 14일 궁중제도의 확립을 위해 궁중에 조사기관을 두고 헌법과 황실전범에 관련되는 여러 제도와 궁내성 조직개혁 등을 심의할 필요성이 있다고 상주하였으나 받아들여지지 않았다. 다음 해 3월 17일 제도취조국(制度取調局)이 설치되었고 이토는 참의로서 그 장관을 겸임하게 되었다.

제도취조국을 궁중에 설치하게 된 것에 대해서는 궁내성 어용괘(御用掛)로 있던 미야지마 세이치로(宮島誠一郎)가 1883년 8월 26일 이토에게 편지를 보내 제실과 내각 사이에 한 개 부서를 설치해 명망 있는 자들을 모아서 입헌제도 조사 자문기관으로 삼아야 할 것이라고 제언한 바 있다. 이토는 "지금 나는 제국의 집정대신(執政大臣), 즉 천자의 집정이다. 천자와 대신은 일심동체로 정권을 쥐고 정치를 논해야 할 것이다. 그런데 제실과 내각 사이에 새로운 부서를 설치해 헌법을 논하는 것은 천자와 대신을 소원하게 만드는 원인이 된다. 따라서 이번에 만드는 헌법은 내가 직접 천자와 함께 논하려 한다"고 말해 그의 제언을 물리쳤다. 이토는 군신일체, 흠정헌법주의의 입장에서 제도취조국을 궁중에 설치했던 것이다.

제도취조국을 설치하는 문제와 병행하여 1883년 11월경부터 이노우에 가오루, 마쓰카타 마사요시(松方正義) 등 유력 참의 사이에서는 이토에게 궁내경을 겸임시키자는 움직임이 일었다. 이토를 궁내경으로 삼아 궁중개혁을 원활하게 추진하게 하려는 의도였다. 이는 이토가 원하는 일이기도 했다.

그러나 당시 이토에 대해서는 '서양 심취자'라는 평가가 많아 궁중의 보수파 사이에는 이토가 일본의 전통적인 궁정 제도와 풍속·습관을 서양식으로 개혁함으로써 천황의 권위를 손상시키는 결과를 초래할지도 모른다는 경계심이 강해졌다. 이 때문에 이토가 궁내경을 겸임하는 데 대해 궁중 안에서 상당히 강한 저항이 있었다.

태정대신 산조 사네토미는 같은 해 11월 6일 이토에게 보낸 편지에서 스기 마고시치로(杉孫七郎) 궁내대보(宮內大輔)의 판단이라며 여러 가지 난관이 있다는 뜻을 전하고 이 인사를 단념하도록 이토에게 권고했다. 한편 천황도 "히로부미의 재간은 사랑하지만 양풍(洋風)을 좋아해서 오로지 궁중에 양풍을 수입하게 될 우려가 있으므로 그를 임명하기는 어렵다"며 난색을 표하고 재가를 보류했다.

그러나 이토는 천황 측근 관계자들과 접촉을 거듭해 궁중 보수파의 저항을 누그러뜨리고 궁내경에 임명되었다. 궁내경에 취임한 이토는 1884년 3월 시종직(侍從職) 정비를 시작으로 4월 내장료(內藏寮)의 설치, 7월 화족령(華族令) 공포, 8월 도서료(圖書寮) 설치, 10월 식부료(式部寮)의 폐지와 식부직(式部職)의 신설, 11월 화족국(華族局)의 설치 등 잇따른 기구개혁을 실시했다. 그 가운데 가장 큰 문제는 화족령 제정에 의한 화족제도의 개혁이었다. 입헌제가 도입될 때를 대비한 화족제도의 개혁과 강화는 일찍부터 문제가 되고 있었다.

이토는 1881년 정변을 전후한 시기, 원로원 개혁론과 관련해 작위제도를 만들어 당시의 화족뿐만 아니라 사족이나 평민 공로자에도 작위를 부여하여 화족으로 삼자는 구상을 내놓았다. 이토는 1881년 11월 공부경 사사키 다카유키(佐佐木高行)에게 "오늘날 사족과 평민 공로자를 무식한 화족 밑에 두면 안 된다. 이미 늦은 감이 있지만 지금이라면 아직 공로자의 마음을 얻을 수 있으리라 생각한다"며 화족의 실상을 개탄하고 있었다.

이토의 구상은 앞으로 설치될 상원에 대한 대책뿐만 아니라 기존의 신분질서를 실질적으로 청산하고 새로운 상승지향을 끊임없이 받아들일 수 있는 화족제도를 창설함으로써 정부의 지지기반을 다지려는 것이었다. 그러나 이토의 구상에 대해 이와쿠라 도모미가 강력히 반대했기 때문에 이 문제는 입헌제도조사 뒤로 미루어졌다.

이토는 유럽에서의 입헌제도 조사를 통해 실제로 귀족의 정치적 역할이 얼마나 중요한가를 통감했다. 그는 "일반적으로 대륙 여러 나라에서 입군정치(立君政治)의 정신을 찾으려 한다면 그 세력은 완전히 상등사회, 즉 귀족에게 있다"고

단정했다. 그러나 당시의 일본 화족은 유럽의 전통적인 귀족과 같은 정치적 사회적 세력이 없었기 때문에 화족제도를 개혁하고 강화함으로써 입헌제의 도입에 대비할 필요가 있다고 생각했던 것이다. 작위제를 강경하게 반대하던 우대신 이와쿠라도 이토가 귀국하기 전에 이미 병사했기 때문에 그는 별다른 저항을 받지 않고 화족제를 추진할 수 있었다.

1884년 7월 7일 화족령이 제정되어 공작·후작·백작·자작·남작(公爵·侯爵·伯爵·子爵·男爵)이라는 5단계의 작위가 설정되었다. 그에 따라 옛 공가(公家) 가운데 고노에(近衛), 다카쓰카사(鷹司) 등 5섭가(五攝家), 옛 무가(武家) 가운데 도쿠가와(德川) 종가의 당주(當主)가 공작에 서임되었다. 또 옛 공가와 무가의 가격(家格) 및 구 녹고(祿高)에 따라 각기 작위가 수여되었다.

또한 메이지유신의 공로자에게도 훈공에 따라 작위가 수여되어 이토 히로부미, 야마가타 아리토모, 이노우에 가오루, 구로다 기요타카, 마쓰카타 마사요시, 사이고 쓰구미치(西鄕從道), 히가시쿠제 미치토미(東久世通禧), 사사키 다카유키 등 메이지정부의 유력자 13명이 백작에, 마찬가지로 후쿠오카 다카치카(福岡孝弟), 도리오 고야타(鳥尾小弥太), 다니 다테키(谷干城) 등 12명이 자작에 서임되었다.

신화족의 대다수는 사쓰마와 조슈번 출신의 정부 공신이

었는데 기본적으로 백작이 상한선이었다. 그 뒤 1887년에는 오쿠마와 이타가키 다이스케(板垣退助) 등 재야의 민권파 정당지도자들도 작위를 받게 되었다.

내각제도 개혁

이토는 화족제를 창설한 데 이어 행정제도의 개혁, 즉 태정관제(太政官制)를 대신할 내각제도의 수립에 착수했다. 메이지유신 이래 태정관제는 입헌적 정부조직을 만드는 데 큰 장애를 갖고 있었다. 태정관제 아래에서 내각은 행정 각성의 경(卿)보다 상위에 위치하는 참의(參議)의 합의체로 존재했다. 이 때문에 내각의 결정은 태정, 좌·우대신 등 3대신을 통해 천황에게 상주되어 재가를 얻는 구조였다. 3대신과 참의 및 경(卿)의 책임과 권한관계가 불명확하고 정책결정의 실권은 참의와 경이 장악하고 3대신은 조정자 역할을 하는 데 그쳤다.

또한 입헌정치의 실현을 위해 의회개설에 대응하는 행정부의 강화와 통일이라는 관점에서 보더라도, 행정부에서 의사결정 기구의 일원화를 꾀하고 내각의 권한과 책임을 명확히 함과 동시에 효율적인 책임내각 체제를 확립하는 것은 반드시 필요한 일이었다. 그리고 당시 정부는 긴축재정 정책을 추진하는 한편, 청일관계의 긴장 고조로 인해 해군을 확장할 필요가 있었기 때문에 그에 따른 재정 염출을 위해서라도 무능력한 관리를 정리하는 행정정리를 실시할 필요성이 있었다.

내각제도의 수립을 위한 관제개혁안은 주로 이토와 이노우에 고와시가 추진했다. 이토가 태정관제를 전면적으로 고쳐 3대신을 폐지하고 내각총리대신과 각 성(省)의 대신으로 내각을 구성하고, 문벌이나 가격(家格)에 상관없이 내각총리대신을 임명하여 내각 전체를 통괄하게 하는 내각제 개혁안을 마련한 것은 1885년 초였다. 그러나 그 구체적 안이 정부 내부에서 논의된 것은 이토 히로부미가 조선에서 발생한 갑신정변의 사후 처리와 관련해 청일 톈진조약의 조인을 마치고 귀국한 1885년 4월 28일 이후의 일이다.

이러한 내각제도의 개혁에는 태정대신 산조 사네토미의 진퇴라는 난제가 있었다. 이토는 5월 12일 산조를 직접 방문해 자신의 내각제 개혁안을 역설하고 동의를 구했다. 그러나 산조는 개혁의 필요성에 대해서는 충분히 이해하면서도 내각수반을 한 명으로 할 경우, 사쓰마와 조슈의 균형을 상실해 분쟁으로 이어질 우려가 있다며 이토의 개혁안에 찬성하지 않았다. 그 대신에 태정관제를 근본적으로 변경하지 않는 우대신보임론(右大臣補任論)을 개진했다.

천황도 대신이 참의들을 충분히 통제하지 못하는 상황을 인식하면서도 3대신 폐지안에는 찬성하지 않고, 참의 가운데 한 명을 이와쿠라 사후 공석 상태에 있던 우대신으로 발탁하여 태정대신과 좌대신을 보좌해서 참의를 통제하게 할 생각을 하고 있었다.

8월 19일 이토의 의뢰를 받은 이노우에 가오루가 산조를 만나 협의를 거듭했으나 산조는 개혁안이 너무 급진적이라고 생각해 찬성하지 않았다. 오히려 현재의 제도를 그대로 둔 채 이토를 우대신에 앉히든가 혹은 조슈파의 대표격인 이토를 좌대신, 사쓰마파의 대표격인 구로다 기요타카 내각 고문을 우대신에 임명하여 사쓰마와 조슈의 균형을 유지하는 것이 좋겠다는 대답을 했다.

천황과 산조의 반대로 내각제 개혁이 어렵게 되자 이토는 단번에 3대신을 폐지하는 내각제도 개혁은 일단 보류하고, 구로다를 우대신에 보임시키는 선에서 사태를 타개할 방책을 내놓았다. 이토의 의향을 들은 산조는 다른 참의의 의견을 구한 뒤 구로다를 불러 우대신 취임을 권유했다. 이토도 구로다를 만나 사정을 말하고 수락 의사를 확인한 다음 산조와 협의하여 11월 14일에 입궐, 구로다의 우대신 임용을 천황에게 주청(奏請)했다.

그런데 천황은 덕식(德識)과 명망이 부족하다는 이유로 구로다의 우대신 등용에 난색을 표하고, 사사키 또한 이의를 제기했다. 자신을 반대하는 분위기를 알아챘는지 일단 수락 의사를 표명한 구로다도 11월 21일 갑자기 사퇴하고 말았다. 산조가 재차 나서서 이토를 우대신에 임명하든가 아니면 이토를 좌대신, 구로다를 우대신에 임명하자고 했으나 이토는 이를 모두 거부했다.

이토가 이렇게 나온 것은 내각제 개혁안을 실행할 때가 도래했다고 생각했기 때문이다. 즉, 현재의 시국은 두 대신으로는 통어할 수 없다고 전제한 다음, 구로다가 우대신 취임을 승낙하지 않을 경우에는 참의만으로 내각을 조직해 직접 천황의 재가를 받는 방법밖에 없다고 말했다.

이토는 12월 초 천황에게 직접 내각제도안을 상주함과 아울러, 궁중에서 산조와 함께 내각조직의 개혁에 대해 협의했다. 이때 내각제 개혁의 결정에서 천황이 중요한 역할을 수행했다. 모토다의 수기에는 천황의 내각제 수용과정이 잘 묘사되어 있다. "어째서 모두 정체를 논의하지 않고 인선에만 얽매이는가, 정체의 조직을 정하고 장래의 방침을 정한다면 자연스럽게 적당한 사람을 고를 수 있다." 즉, 먼저 조직을 정하고 나서 인선을 논의해야 한다는 말이다.

인선보다 기구개혁을 우선시하라는 이러한 천황의 지시

를 계기로 내각제 개혁이 갑작스레 본격화되었다. 12월 4일 이토는 내각제 개혁안을 산조에게 제출하고 각료회의의 찬동을 얻었다. 내각총리대신에는 사쓰마파를 포함해 각 참의가 일치해 이토가 가장 적임자라고 인정했다. 같은 날 입궐한 산조는 천황에게 내각제도안을 봉정(奉呈)함과 아울러 이토를 내각총리대신으로 추천한다는 뜻을 상주했다. 천황도 이를 받아들여 12월 7일에는 기구개혁과 이토의 초대 총리대신 취임이 내정되었다.

이러한 과정을 거쳐 새로이 수립된 내각제도의 성격은 12월 22일 태정관달(太政官達)로 정해진 내각직권(內閣職權)에 "내각총리대신은 각 대신의 수반으로서 기무를 주선(奏宣)하고 뜻을 받들어 대정(大政)의 방향을 지시하고 행정각부를 통독(統督)한다"는 규정을 통해 잘 알 수 있다. 이 내각직권은 프러시아의 1810년 10월 27일의 칙령, 이른바 하이델베르크 관제(官制)를 본뜬 대재상주의(大宰相主義)를 채택한 것이다. 즉, 각 성의 대신을 내각총리대신이 매우 광범위하게 통제할 수 있는 권한을 인정하는 것이다. 여기에는 이토의 의견이 크게 반영된 것으로 보인다.

이것을 내각직권의 원안과 비교해보면 원안에는 총리대신이 '내각의 회의를 총괄'하도록 명기되어 있었는데 그 조항이 삭제된 것은 대재상주의에 반대한 이노우에 고와시의 의견 때문이라고 생각된다. 이노우에는 이번의 칙정과 관제는 의회에 대한 내각의 성벽이라는 점, 그리고 영국식 내각 조직과 비슷한 경향에 빠지지 말고 각 대신이 스스로 책임의 의미를 명백히 알 수 있도록 채택해야 할 것을 강조하고 있다. 또한 교순사(交詢社)의 사의헌법초안의 연대책임론, 즉 영국식 정당내각제에 대한 경계심을 환기하고 있다.

사실 이노우에는 하이델베르크 관제에 의한 대재상의 지위는 영국 수상의 지위와 비슷해 영국 내각의 연대책임주의와 상통하는 것이라고 생각했기 때문에 하이델베르크 관제에 의한 내각직권안에 대해 기본적으로 반대한 것이다. 그러나 이토는 이노우에의 수정의견을 부분적으로 받아들였을 뿐, 내각직권의 기안자로 보이는 독일인 고문 루돌프(Carl Rudolph)의 견해를 바탕으로 대재상주의를 취하는 내각제도를 수립하였다.

이노우에의 반대 의견에도 불구하고 이토가 대재상주의의 내각직권을 제정한 의도는 아직 입헌제가 시행되고 있지 않을 때 총리대신의 주도로 정무를 통일해 다양한 개혁을 추진하려 한 것이었다. 또한 이토는 군주주의의 원칙 아래 여러 제도와 국가기구를 착실히 정비해둔다면 의회가 개설되더라도 완전한 정당내각은 성립할 수 없다고 생각했던 것으로 보인다.

그러나 내각직권은 대재상주의가 정당내각제의 온상이 될 것으로 우려한 이노우에 등의 배후 공작에 의해, 결국 1889년 12월 총리대신의 권한 축소와 각 성 대신의 독립책임주의를 내용으로 한 내각관제로 대체되게 된다.

이러한 내각제 개혁에 대해 민간으로부터 큰 반발은 없었다. 12월 25일자 「도쿄니치니치신문(東京日日新聞)」은 입헌국의 제도로서 환영했다.

오늘날 태정관을 폐하고 새로이 내각을 조직함으로써 내외에 만기(万機)의 책임을 하나로 부담하게 한 것은 실로 입헌정체 내각의 체제를 처음으로 구비한 것이라고 말하지 않을 수 없다. ……처음으로 입헌국의 내각이라고 인정할 만한 것을 얻었으니 우리들이 특히 만족을 표하는 바다.

또한 새 제도에서 내각은 일정한 주의를 취하고 각 대신은 수상과 함께 진퇴를 결정하게 되기 때문에 국회가 개설된 뒤 정당을 통해 내각경질이 되는 것도 상정하고 있다. 「도쿄요코하마마이니치신문(東京橫浜每日新聞)」은 1886년 1월 19, 20일자 사설에서, 내각제 개혁의 변혁성을 인정하면서 당시 일본의 군주전제 정체에서는 내각대신의 행위를 추궁하는 국민도 국회도 없어 도덕적인 책임일 뿐 제도상의 책임은 아니라고 논하고 있다. 「아사노신문(朝野新聞)」은 1885년 12월 20일자 사설에서 이번 개혁은 직제상으로 본다면 실로 정치의 일대 변동인데 집권 인물은 바뀌지 않았기 때문에 시정의 방향은 지난날과 크게 다르지 않을 것이라고 논하고 있다.

이렇게 번벌정권의 유지라는 점에 대해서는 신문에 따라 평가가 엇갈리지만 입헌제 수립과 관련해 새로운 내각제도의 개혁성은 대체로 인정하고 있다. 그것은 내각제도가 정당내각제를 부정하는 것은 아니라고 받아들이고 있었기 때문일 것이다.

헌법초안의 기초

이토 히로부미의 대표적 업적으로 칭해지는 헌법제정 작업은 그가 총리대신직에 있던 1886년 가을쯤 시작되었다. 이토는 이노우에 고와시, 이토 미요지(伊東己代治), 가네코 겐타로(金子堅太郞)의 도움을 받아 헌법 기초에 착수해 1888년 4월 초안을 마련해 천황에게 제출했다. 가네코 겐타로에 따르면 헌법을 기초하는 데 이토는 먼저 기본방침을 지시하고, 이노우에에게 황실전범과 헌법전, 이토 미요지에게 의원법, 가네코에게 선거법과 귀족원령을 담당하도록 기초주임을 정하는 한편, 중요한 사항에 대해서는 세 명이 모여 협의하고 의문점이 있을 때는 내각에서 고용한 독일인 뢰슬러(Roesler, Karl Friedrich Hermann), 프랑스인 보아소나드(Boissonade de Fontarabie, Gustave Emile) 등에게도 의견을 구한 다음 이토가 판단하도록 했다고 한다.

헌법전을 담당한 이노우에 고와시는 1886년 11월부터 초안작업에 들어가 1887년 3월에는 헌법초안의 '초고(初稿)'를 작성하였다. 그러나 이 초안은 '황실' '국토 및 국민' '내각 및 참사원' '원로원 및 의원'의 네 장으로 구성된 간단한 것으로(총 39개조), 사법·재정·개정절차 등의 규정이 빠져 있다. 그 의미에서 미완성 초안이었다. 이후 5월에 접어들어 이노우에는 「갑안(甲案)」 「을안(乙案)」이라는 헌법초안을 이토에게 제출했다. 「갑안」과 「을안」은 이노우에가 뢰슬러, 못세 등과 문답을 거듭하며 작성한 최초의 체계적인 헌법초안을 가리킨다.

「을안」(전 8장, 79개조)은 가능한 한 '사견(私見)'을 섞지 않고 가능한 많은 조항을 열거한다는 방침 아래 작성된 것으로 「갑안」에 비해 제1장 '주권'에서 천황의 대권사항을 열거한 점과, 제8장 '총칙'에서 헌법제정 전의 법령의 효력과 헌법개정절차에 대해 자세히 규정한 점이 특징이다. 한편 「갑안」은 정식초안의 성격을 띠는 것으로 '근본조칙' '국민' '내각 및 참사원' '원로원 및 대의원' '사법권' '조세 및 회계' '군병(軍兵)'의 7장으로 구성되어 있다(총 72개조). 장(章) 구성을 보면 「을안」의 '주권' 부분이 '근본조칙'으로 돼 있는데 이는 못세의 견해를 받아들여 대권사항을 열거하지 않은 것이다. 이전에 이노우에 자신이 기초한 1881년 「이와쿠라 헌법의견서」에 담겨 있던 기본적 원칙, 즉 '제위계승법'의 분리·대권내각제·전년도예산시행제 등은 「갑안」과 「을안」 모두에 조문화되어 있다.

그런데 헌법초안을 기초하고 있었던 것은 이노우에 혼자가 아니었다. 뢰슬러도 이토의 명을 받아 이노우에가 「을안」을 제출할 무렵 「일본제국헌법초안」(총 8장, 95개조)을 탈고했다. 이 뢰슬러 초안은 이노우에의 두 초안에 비해 의회의 예산의정권에 많은 제한을 둔 점이 큰 특색이다. 이 때문에 이노우에는 6월 상순 뢰슬러에 대해 「일본제국헌법초안」의 재정부분에 관해 몇 가지 질문을 던지고 자신의 헌법안의 '조세 및 회계' 부분을 재검토하는 재료로 삼았다.

이토는 이 무렵부터 헌법초안을 본격적으로 검토하기 시작했다. 6월 1일부터 이토 미요지, 가네코 겐타로 두 비서관을 대동하고 가나가와의 가나자와에 있는 히가시야(東屋)라는 여관에 머물며 이노우에가 제출한 「갑안」「을안」과 뢰슬러 초안을 검토했다.

8월 초순부터는 때마침 완성된 가나자와 연안에 있는 나쓰시마(夏島)의 이토 별장으로 옮겨 이노우에도 참석한 가운데 작업을 계속했다. 당시 이토는 이타가키(板垣) 작위 사퇴문제와 조약개정 문제로 도중에 몇 차례나 상경해야 하는 바쁜 와중에도 정력적으로 작업을 진행한 결과 8월 중순, 총 7장 89개조로 구성된 헌법초안을 작성했다. 이것이 이른바 「나쓰시마초안(夏島草案)」이다.

「나쓰시마초안」은 이토의 주도 아래 작성된 최초의 초안으로 「이노우에초안」을 바탕으로 뢰슬러의 「일본제국헌법초안」의 내용을 많이 채용하고 있다. 예를 들면 제6조 '천황은 상하 양원의 보익(輔翼)을 받아 입법권을 시행한다'에서 '보익'을 '찬양(贊襄)'으로 바꾸었다. 또 85조에서는, '제국의회의 한쪽에서 예산을 의결하지 않고 또는 예산에 관해 정부와 제국의회의 한쪽에서 협의가 이루어지지 않을 때는 적어도 한쪽의 승인을 얻고 천황의 칙재(勅裁)를 거쳐 이를 시행한다'고 규정했다. 이러한 칙재시행제는 이노우에안에 있던 전년도예산시행제에 비해 의회의 예산의정권을 크게 손상시키는 것이다. 이토는 전반적으로 뢰슬러의 의견을 받아들였고 이노우에의 의견은 그다지 채용하지 않았다.

이에 대해 이노우에는 「나쓰시마초안」에 대한 상세한 '축조(逐條)의견'을 서둘러 작성해 8월 하순 이토에게 제출했다. 이 축조의견은 이노우에의 헌법관을 집약적으로 표현한 것으로 조문화된 초안에서는 알 수 없는 그의 생각을 엿볼 수 있는 소재로서 중요한 의미를 지니고 있다. 이노우에의 비판의견은 「나쓰시마초안」의 거의 전 조항에 미치고 있는데 특히 의회의 정부통제권(대신탄핵권·행정심사권·정부질문권·청원권·건의주상권)을 강조하고 있다. 그는 "이미 헌법이 있고 의원(議院)이 있을 때는 적어도 그에 상응하는 권리를 의원에 주어야 한다. …이것이 아깝다고 주지 않으면 헌법을 제정하고 의원을 개설하는 이유가 무엇인지 알 수 없다"고까지 말했다. 이후 이노우에는 여러 차례에 걸쳐 뢰슬러 초안을 비판하고 있다. 그것은 뢰슬러의 생각이 「나쓰시마초안」에 많은 영향을 미쳤다고 보았기 때문일 것이다.

이노우에는 뢰슬러 초안을 비스마르크식의 '전제주의'의 입장에 선 것으로 보고 있는데 이렇게만 뢰슬러의 헌법관을 판단하는 것은 일면적이다. 뢰슬러가 천황의 지배적 지위를 강조한 것은 '사회적 군주제'라는 기본적인 생각에 따른 것이었다. "계급대립을 촉진하는 자본주의 사회에 있어서 군주에 대해 국민의 전공동체의 조화를 유지하기 위한 특별한 질서와 균형의 기능을 부여한다"는 사고다. 이 논리에서 보면 예산이 성립되지 못할 경우에 칙재시행제를 취하는 것은 당파적인 의회로부터 독립한 집행권은 군주의 수중에 있는 것이 바람직하다는 입장으로 이를 비스마르크적 '전제주의'라고 단죄하는 것은 일방적이다. 이토가 뢰슬러의 의견을 많이 받아들인 것도 일정하게 '사회적 군주제'에 공감을 하고 있었기 때문일 것이다.

「나쓰시마초안」에 대해서는 뢰슬러도 9월 초, '일본제국헌법수정안에 관한 의견서'라는 축조의견서를 이토에게 제출했다. 이것은 「나쓰시마초안」을 자신의 원안을 바탕으로 수정한 상세한 의견서로, 이노우에와는 달리 '이의 없다'는 부분이 많다. 10월 15일과 16일 이토는 다카나와에 있는 자신의 사저에 이노우에, 이토 미요지, 가네코를 불러 이노우에의 '축조의견'과 뢰슬러의 수정의견을 바탕으로 「나쓰시마초안」을 재검토했다. 이 다카나와 회의의 결과 「나쓰시마초안」을 대폭 변경한 「10월초안」이라 불리는 수정헌법안이 작성되었다(총 6장 82개조). 이 초안의 내용상 주요한 수정은 다음과 같다.

먼저 이노우에와 뢰슬러의 의견이 일치한 두 의원의 상주권·청원수리권·정부질의권을 새로이 명문화한 점, 귀족원의 구성을 상세히 기술한 제 규정에 관해서는 '황족, 화족 및 특명에 의해 친임(親任)된 자'로 조직하고, '자격·선임, 특권 및 그 밖의 규정은 특별히 칙령으로 정한다'는 한 조항으로 집약한 점이 큰 변화다. 제5장 '행정'에서는 '행정권은 제국 내각으로 이를 통일한다'라고 되어 있던 규정을 삭제하고, 예산이 성립되지 못할 경우의 칙재시행제는 전년도예산 시행제로 바꾸었다.

이러한 수정은 이토가 이노우에의 의견을 채용한 결과라고 생각되는데 이후 수정된 부분은 거의 마지막까지 유지되게 된다. 이나다 마사쓰구(稻田正次)는 「10월초안」에 대해서 "「나쓰시마초안」이 뢰슬러안에 치우쳐 현저하게 반동적으로 된 것을 어느 정도 수정했다. 메이지 헌법의 원형은 이때에 거의 완성되었다"고 평가하고 있다.

「10월초안」이 작성된 후 약 3개월 동안, 다카나와 회의와 같은 헌법기초그룹에 의한 합동검토회는 열리지 않았다. 이 사이 정부는 집회 등의 단속을 강화하기 위해 보안조례를 제정해 즉시 시행함으로써 반정부운동에 대처했으며, 헌법기초의 중심이었던 이토도 11월부터 12월에 걸쳐 오야마(大山) 육군대신과 함께 이토 미요지를 대동하고 오키나와 방면으로 국방 시찰여행을 떠났다. 12월 17일 귀경한 이토는 그 뒤에도 오오쿠마 입각문제의 절충 등으로 매우 바빴기 때문에 1888년 1월 하순까지 헌법초안의 조사를 진전시킬 여유가 없었다. 그러나 이 사이 이노우에는 뢰슬러, 못세와 문답을 거듭하면서 조사를 계속하고 있었다.

이노우에의 조사를 바탕으로 2월 상순부터 3월 초에 걸쳐 헌법기초그룹이 모여 재검토를 벌여 「2월초안」(총 7장 78개 조), 이어서 한 개 조항이 적은 「정서(淨書)3월안」이 완성되었다. 그 결과 헌법초안은 다음과 같은 특징을 갖게 되었다.

첫째 '행정'의 장에 규정되어 있던 재정관련 규정은 독립되어 제6장 '회계' 속에 일괄되었다. 동시에 '행정'의 조항은 모두 삭제되고 새로이 '사법'의 장 앞에 제4장 '국무대신 및 추밀고문'을 두어 그 일부를 옮겼다. 둘째, 그 때문에 「갑안」, 「을안」 이후 존재했던 합의제조직으로서의 '내각'은 자취를 감추고 '국무 각대신'의 책임이 명시됨과 아울러 「나쓰시마 초안」 이래 있었던 '부현군'에 의한 지방자치에 관한 규정도 삭제되었다. 셋째, 「갑안」, 「을안」 이후 있었던 통상재판소, 행정재판소 사이의 권한쟁의의 재판에 관한 규정도 마찬가지로 삭제되었다.

이 가운데 첫 번째와 두 번째는 「2월초안」에서 실현되었고, 세 번째는 「정서3월안」 단계에서 수정된 것인데 의회의 예산의정권의 범위에 관해서는 초안마다 상당한 변화가 보인다. 즉, 의회가 매년 의결할 필요가 없는 세출로서, 먼저 「10월초안」은 '법률에 의해 정부의 의무를 이행하는 데 필요한 세출'만을 규정했는데 「2월초안」은 보다 광범하게 '헌법상의 권리에 의거해, 또는 법률의 효과에 의해, 또는 제국의

회의 의결로 인해 생긴 정부의 의무를 이행하는 데 필요한 세출'로 규정했다. 그러나 2월초안은 의회의 예산의정권의 범위밖에 두는 비목이 두드러지게 확대되어 의회의 존재이유조차 의문시되었기 때문에 「정서3월안」에서는 이것을 조금 완화했다.

또한 「2월초안」에서는 추밀원 규정이 포함되어 있다. 이것은 당시 천황의 자문기관으로서 추밀원을 설치하기로 결정되었음을 나타내주는 것이다. 또 추밀원이 설치됨으로써 상주된 황실전범(皇室典範)과 헌법전 등의 초안에 대해 추밀원의 자문을 구한 뒤 재가한다는 절차를 밟는 것이 흠정헌법의 취지에 부합하는 것으로 생각되었기 때문이기도 하다.

헌법초안은 그 뒤 「정서3월안」의 몇 개 조항을 수정한 뒤 4월 20일경 총 7장 76개조의 상주안이 확정되었다. 헌법초안이 거의 완성된 4월 5일, 이토는 산조 사네토미 내대신에게 편지를 보내 당시의 심경을 토로하였다.

헌법은 매우 중대한 것으로 황실의 흥망과 큰 관계가 있으며 이를 잘못해 백년의 우환을 초래해서는 안 된다. 자신은 적어도 사심을 개입하지 않고 제실(帝室)과 국가를 위한 것만을 생각하며 헌법을 기초했다.

헌법초안이 실제로 천황에게 제출된 것은 4월 27일이었다. 1888년 5월 8일 천황이 임석한 가운데 추밀원의 개원식이 열렸다. 먼저 황실전범부터 심의가 시작되었고 헌법초안의 심의는 6월 18일 오전부터 시작되었다. 이후 추밀원은 7월 13일까지 총 10일 동안 19회의 제1심 회의를 열었다. 제1심 회의 첫머리에서 이토 의장은 헌법초안을 기초한 대의(大意)에 관해 다음과 같이 말했다.

동양에 있어 일본이 처음으로 입헌정치를 채용하게 되었는데, 유럽 각국에서 1,000여 년간의 전통이 있어 인민이 입헌정치에 익숙한 것과는 달리 전혀 새롭게 만드는 것으로 국가에 대해 이익을 가져오기 위해서는 세심한 주의가 필요하다. 그러므로 헌법을 제정하는 데 있어서는 먼저 일본의 기축(機軸)을 구해야만 한다. 기축이 없이 정치를 인민의 망의(妄議)에 맡겨 국가를 폐망시키는 일이 있어서는 안 된다. 유럽에 있어서는 입헌정치의 전통이 있을 뿐만 아니라 종교가 깊이 사람들 마음에 침투하여 국가의 기축을 이루고 있는데 일본에 있어서는 종교의 힘이 미약하여 쓸모가 없다. 일본에 있어 기축이라고 할 만한 것은 오직 황실뿐이다. 따라서 이 헌법초안에 있어서는 군권을 존중하고 이것을 기축으로 삼아 훼손되지 않도록 매우 주의했다. 유럽에서의 주권분할주의에 따르지 않고 또 유럽제국의 주권분할의 정신, 군민이 공동으로 주권를 갖는 제도를 취하지 않았다. 군권이 강대해지면 남용의 우려가 있다는 설도 있지만 남용을 막기 위해서는 책임대신을 두는 등의 방법이 있다.

요컨대 이토는 군주주의 헌법초안이라는 것을 강조한 것이다.

여기에서 주목되는 것은 헌법을 제정하는 데 있어서는 먼저 나라의 기축이 필요하다고 말한 점이다. 이토는 유럽에서의 종교와 같은 기축으로서 황실을 위치 짓고 있다. 유럽의 군민공치의 정신을 배제하고 군주주권 아래의 입헌제를 정통 '헌법정치'로 보고 있는 이토의 기본적인 자세가 잘 나타나 있다.

추밀원 심의에서는 자순안(諮詢案) 제5조 '천황은 제국의회의 승인을 거쳐 입법권을 행사한다'는 조항이 문제가 되었다. 모리(森) 문부대신은 "승인이라는 말은 아래로부터 위를 향해 사용할 수도 있고 또 동등한 사이에서 사용할 수도 있는데 영어에서 어떤 말이 적당한가"라고 질문했다. '승인'이라는 단어는 대다수 고문관과 각료가 강력히 반대했기 때문에 최종적으로는 '승인을 거쳐'를 '협찬(協贊)을 거쳐'로 변경했다.

이 과정에서 이토는 원안수정을 인정하지 않을 수 없었지만, '승인'이라는 단어를 사용하지 않더라도 입헌정체를 채용하는 이상은 의회의 승인이 없으면 법률이나 예산을 결정할 수 없다는 입헌제의 원칙을 강조했다. 전체적으로는 군권주의 원칙을 강조하면서 예산에 부여하는 입법권에는 어디까지나 순수한 입헌제의 원칙을 적용하려 했던 것이다.

이토는 군주주권의 흠정헌법을 전제로 하면서도 입헌정체의 원칙을 지키려 했다. 일본의 헌법에는 천황의 입법권에 '신민(臣民)'의 대표자가 '협익참찬(協翼叅贊)'하는 것을 명기하면서도 주권은 군주에게 있고 천황의 '은혜'에 의해 '신민'에게 하사된 것이라고 주장했다.

그러나 한편으로 추밀원의 헌법심의 과정에서 보이듯이 입헌정체를 채용하는 이상 의회의 승인 없이 법률이나 예산을 결정할 수는 없다는 입헌정체의 원칙도 견지하고 있었다. 이토는 황실을 기축으로 하는 군주입헌체제를 구축해두면 인민의 권리와 의회의 입법권을 명확히 보장하더라도 안정적으로 입헌정치를 운영할 수 있다고 생각했다.

추밀원은 1월 31일 오후의 회의에서 헌법초안의 제3심 회의를 마친 뒤, 2월 5일 헌법과 황실전범, 의원법, 중의원의원선거법 및 귀족원령의 정사본(淨寫本)의 교정을 마지막으로 모든 심의를 마쳤다. 상주된 대일본제국헌법은 2월 11일 공포되었다.

이토는 공포된 헌법에 대해 어떻게 인식하고 있었을까? 2월 17일 이토가 재경(在京)부현회(府縣會)의장을 관저로 소집해 행한 연설을 통해 이를 확인할 수 있다.

먼저 "이번에 공포된 헌법은 말할 필요도 없이 흠정헌법이다. …그러므로 이 헌법은 완전히 천황폐하의 은혜에 의해 신민에게 하사된 것이라는 점을 제군은 항상 명심하고 기억하기 바란다"고 흠정헌법임을 강조한 다음, "제1장에 군주의 대권, 즉 주권을 명기한 것은 다른 나라의 헌법에서는 예를 찾을 수 없다. …이것을 헌법의 첫째 조항에 둔 것은 실로 우리 국체에 적응하는 것이라 할 것"이라며 천황의 대권을 헌법에 명기한 것은 일본의 국체에 적응하는 것이라고 말하고 있다.

이어서 의회에 대해서는 "의회를 개설해 정치의 득실을 논의할 필요 여부를 따지자면 첫째 모든 법률을 제정하는 것은 신민의 대표자의 의견을 물을 필요가 있고, 둘째로 국가의 세출입을 정하는 것은 중언(衆言)을 들을 필요가 있다. …이 두 개의 최대요소를 분명히 갖추고 있다"고 법률제정권과 예산의결권을 갖추고 있음을 강조하고 있다.

그리고 정부에 관해서는 "정부는 천황폐하의 정부라 할 수 있다. 우리 정부는 주권이 있는 곳에 속해 활동해야 한다. 우리나라의 주권은 천황폐하의 옥체에 집합된다"며 정부는 주권을 갖고 있는 천황의 정부이며 재상의 임명권을 천황이 갖고 있음을 강조하고 있다.

주권론에 관해서는 의회를 설치하더라도 주권이 분할되는 것은 아니며 정부의 행정권도 의회의 입법권도 천황으로부터 위임된 것으로 주권은 어디까지나 군주에게 있다고 밝혔다. 즉, 이 헌법에서는 군주의 대권과 '신민(臣民)'의 권리나 의무를 내걸고 있으며 천황의 입법권에 '신민'의 대표자가 '협익참찬'하는 것은 명기되어 있으나 주권은 군주에게 있고 천황의 은혜에 의해 '신민'에게 하사된 것이라고 주장하고 있는 것이다.

이토는 자신의 생각에 따라 제정된 제국헌법에 만족하고 있었던 것으로 보인다. 이후 이토는 이러한 군주주권의 헌법을 통해 입헌제의 도입으로 우려되고 있던 혼란을 피하고 정치를 안정시켜, '상하화동(上下和同)'하여 '안으로는 나라의 강복(康福)을 더하고 밖으로는 국위를 펼칠' 것을 목표로 '입헌정치'에 임해나갔다.

이토의 국가체제 구상의 핵심은 의회와 정부의 대립을 가능한 한 회피하며 천황을 기축으로 안정적으로 운영되는 입헌제를 수립하는 것이었다.

이토는 유럽헌법 조사를 마치고 귀국한 뒤 국가기구와 제도의 개혁, 그리고 헌법초안의 기초에 매진해 자신의 국가체제 구상을 기본적으로 실현시킬 것을 지향했다. 때로는 내외 정세나 측근들의 거센 반대에 부딪혀 양보하지 않을 수 없는 경우도 있었지만 헌법제정을 포함한 국가체제 수립과정을 주도하며 스스로의 구상에 입각해 '제국헌법체제'를 구축해나갔다고 할 수 있다.

제4장 메이지 천황과 이토

이러한 과정을 거쳐 1889년 2월 11일 기원절(紀元節)에 맞춰 '만세일계(萬世一系)의 천황이 통치하는 '대일본제국헌법'이 탄생했다.

이 헌법에는, '천황은 국가의 원수로서 통치권을 총람하며 이 헌법의 조규에 따라 이를 행사한다'(제4조), '천황은 제국의회의 협찬을 통해 입법권을 행사한다'는 규정 외에, 천황은 법률을 재가하고 공포와 집행을 명(命)한다(제6조), 천황은 법률에 대신하는 칙령을 발포할 수 있다(제8조), 행정 관제와 문무관의 봉급을 정하고 문무관을 임명한다(제10조), 천황은 육해군을 통수한다(제11조), 육해군의 편제 및 상비병력을 정한다(제12조), 선전(宣戰), 강화(講和)를 행하고 조약을 체결한다(제13조)는 등 많은 천황대권이 규정되어 있다. 과연 이러한 천황대권은 실제로 어떻게 행사됐던 것일까?

메이지헌법은 이토 등 관료가 주도해 기존 번벌(藩閥) 지배구조를 보장하기 위해 군주제와 입헌제를 교묘하게 결합한 것이다. 위와 같은 강대한 천황대권이 헌법상 규정되어 있지만 실제 정치과정에서 천황대권을 행사한 것은 이토나 야마가타 아리토모와 같은 메이지유신 이래 정권을 잡아온 원로(元老)들이었다.

또 정부와 의회의 직접적인 대립을 피하기 위해 여러 규정이 두어졌지만 실제로 의회가 개설되자 예산안·군비확장 등을 놓고 정부와 의회는 직접 충돌했다. 따라서 헌법상 조문과 실제 정치와는 괴리될 수밖에 없었다.

의회 개설을 전후해 메이지 천황의 행동과 발언에 주목해 군주권의 실태를 살펴보면, 메이지 천황 무쓰히토(睦仁)는 청일전쟁의 개전 결정 직후 측근에게 "이번 전쟁은 짐(朕)이 원하던 것이 아니다. 각료들이 전쟁은 불가피하다고 상주해 이를 허락했을 뿐이다"라고 말했고, 러일전쟁 개전 시에도 "이번 전쟁은 짐의 뜻이 아니다. 그러나 사태가 이미 여기까지 이르러 어떻게 할 수 없다. …만일 차질이 생기면 짐이 어떻게 선조에게 사죄하고 신민(臣民)을 대할 것인가"라고 말했다고 한다.

천황은 전쟁을 막고 싶었지만 막을 수 없었다는 의미로 파악된다. 이러한 무쓰히토의 발언에 관해서는 개전 책임을 회피하려는 것이었다는 등 그 진의에 대해 논란이 많지만, 천황의 이름으로 선전포고한 전쟁에 대해 무쓰히토 자신이 이렇게 발언할 수 있었던 배경은 무엇일까?

무쓰히토는 천황친정운동이 전개되던 1870년 후반부터 조금씩 정치의사를 드러내기 시작하였고 1880년대 중엽부터는 종종 적극적인 정치관여를 시도하기도 하였다. 1885년 11월 내각제 창설 직전에 발생했던 우대신(右大臣) 보임문제를 예로 들면, 태정대신 산조 사네토미와 조슈번벌(長州藩閥)의 대표격인 이토 히로부미가 사쓰마번벌(薩摩藩閥)의 유력자 구로다 기요타카를 우대신으로 임명하려고 하자, 무쓰히토는 그의 자질을 문제 삼아 우대신 취임에 반대하고 이토와 구로다를 다른 참의와 구별해 '상반(上班)'에 임명하자는 안을 제시했다.

그러나 산조와 이토가 참의들의 일치된 의견이라며 구로다의 우대신 취임을 강력히 주청하자 무쓰히토는 그것을 인정하였고, 그 뒤 다시 구로다가 우대신 취임을 번복함으로써 어쩔 수 없이 이토가 주장하는 내각제도 창설을 승인할 수밖에 없었다. 이 사건은 이토 등이 구로다의 행동을 미리 짐작하고 벌인 공작이었는데 이러한 사정을 모른 상태에서 무쓰히토는 자신의 의견을 명확히 드러내며 정치관여를 시도했으나 내각의 주류에게 저지당했던 것이다. 이렇듯 천황은 성년이 된 이후에도 정부의 중요한 의사결정과정에서 배제되거나, 자신의 의사와 배치되더라도 정부 각료가 일치된 의견을 내놓을 때는 추인할 수밖에 없었던 것이다.

1885년 내각제도의 창설을 전후해 이토의 주도 아래 궁중개혁, 즉 '궁중의 제도화'가 진전된다. 1886년 9월 이토는 무쓰히토로 하여금 더욱 정무에 힘쓰게 하고 '친정'의 실효를 거두기 위해 6개조를 상주했다.

흔히 '기무6조(機務六條)'라 불리는 그 내용은 다음과 같다. (1)내각에서 중요한 국무회의가 열릴 때 수상이 천황 참석을 요청할 경우 즉각 허가할 것, (2)각 성으로부터의 상주서에 천황이 하문(下問)할 때는 주무대신 또는 차관을 불러 직접 하문할 것, (3)필요할 경우에는 지방 순행을 할 것, (4)내·외국인 중 합당한 자격이 있는 자와 배식(陪食)하도록 수상 또는 외상이 요청할 경우 허가할 것, (5)국무대신이 주관 사무에 관해 배알을 신청할 경우 즉각 허가할 것, (6)천황이 몸이 좋지 않거나 내정으로 들어갔을 때는 국무대신이 내정에서 배알할 수 있도록 할 것. 그 이유는 서면이나 궁중관리를 통해 전달하는 것으로는 충분히 사정을 설명하지 못해 시기를 놓칠 우려가 있기 때문이라고 한다. 이에 대해 무쓰히토는 도쿠다이지 사네쓰네(德大寺實則) 시종장을 통해 수정 의견을 제시했다. (5)에 관해 급한 일이 아닐 때는 사전에 배알 시간을 문의할 것, (6)에 관해서도 미리 약속시간을 문의하라는 내용이다.

이토는 '기무6조'를 통해 천황과 내각의 관계를 변화시키려 하였다. 종래 원칙이 분명하지 않았기 때문에 분란이나 긴장을 불러왔던 부분에 원칙을 도입한 것이다. 바꾸어 말하면 천황의 개인적인 의사 영역이 더욱 한정되어 천황의 권력이 더한층 제도화되었다는 것을 의미한다.

한편으로 이러한 이토의 요청을 무쓰히토가 대체적으로 인정했다는 것은 무쓰히토와 이토의 신뢰관계가 배경에 있었음을 짐작케 한다. 이렇듯 '제국헌법'이 제정되기 이전부터 천황은 정부 수뇌 또는 다수파의 의견을 추종하거나 의견이 다르다 하더라도 결국에는 인정하는 것이 관례화되어 있었던 것으로 보인다. 그것은 내각 이외에 군주권을 행사할 수 있는 독자적인 보필기관을 두지 못했던 것에도 기인한다고 할 수 있다.

입헌정치가 시행된 이후에도 무쓰히토는 자신에게 부여된 천황대권을 직접 행사하지 않고 내각이나 추밀원 등의 결정(보필)에 따랐다. 수상의 임명도 전임 내각의 수상이나 각료들이 추천하는 자를 재가했다. 1890년대 중반부터는 자신이 수상 천거를 의뢰한 원로들의 추천에 따랐다. 천황의 위임을 받아 후계 수상의 임명 등 중요 국책의 결정에 관여한 비공식적인 국가기관원로회의에서 추천하는 수상 후보자를 거부한 적은 없었다. 원로들의 의견이 대립해 후계수상이 결정되지 않을 때만 조정자로서 인선과정에 개입했다.

각료의 인선은 천황으로부터 내각 조직의 명을 받은 수상이 행하고 천황은 수상으로부터 추천된 각료를 자동적으로 재가했다. 그러나 예외는 있었다. 제1차 이토 내각의 모리 아리노리(森有禮) 문부상(1885년), 제1차 마쓰카타(松方) 내각의 무쓰 무네미쓰(陸奧宗光) 외상(1891년)의 경우가 그것이다. 무쓰히토는 극단적인 서양화주의자로 알려진 모리와 과거 세이난전쟁에 가담하려 한 무쓰의 입각을 꺼려했던 것이다. 모리는 천황의 난색을 물리치고 이토 수상이 문부상에 임명했으나, 무쓰는 곧바로 입각하지는 못하고 1년 뒤 제2차 이토 내각 때에 가서야 외상으로 기용됐다.

한편 초기의회 시기 번벌관료와 정당 간의 대립이 격화되었을 때 무쓰히토는 양자 사이의 조정자로 행동했다. 일례를 들면 1893년 제2차 이토 내각 때 중의원에서 다수를 차지한 자유당과 입헌개진당은 예산안에 반대해 내각불신임안을 천황에게 상주하는 등 정부와 정면으로 대립했다. 이에 대해 번벌정부 내부에서는 중의원을 해산하자는 측과 타협하자는 측이 양립했다. 이토는 의회를 해산하더라도 중의원에서 다수를 얻을 전망이 없어 타협하려고 하였다.

이토 수상은 천황에게 중의원에 칙답(勅答)을 내려 정부와 '화협(和協)'하도록 하든가 중의원의 해산을 명하든가 판단해주도록 요청했다. 이에 대해 무쓰히토는 6년간의 내정비(內廷費) 30만 엔과 관리들의 봉급 10퍼센트를 반납하게 하여 군함 두 척 등의 건조비를 보조하도록 하니 의회와 내각은 '화협'하라는 조칙을 내렸다. 무쓰히토는 내각의 보필을 받아 행정권을 시행하고 의회의 '협찬'을 받아 입법권을 행사한다는 '제국헌법'의 규정에 입각해 정부와 의회의 조정에 나섰던 것이다. 13일 중의원과 귀족원은 조칙에 따르기로 결정하고 26일 타협예산을 성립시켰다.

의회가 무쓰히토의 조정을 거부하여 정국이 파탄에 이르렀다면 무쓰히토에 정치적 책임을 물을 수밖에 없었겠지만, 결과적으로 의회도 천황의 권위를 인정하고 그에 굴복하게 되었다. 이후 입헌정치가 진행됨에 따라 의회나 인민에 대해 천황의 권위가 높아지는 반면, 정부 내부에서는 원로회의 등에서 중요한 정책 결정이 이루어지고 천황은 재가자·조정자의 위치에 머무르는 경향이 더욱 강해졌다고 할 수 있다.

이토는 메이지 천황을 번벌정부를 인정하고 헌법의 규정을 충실히 따르는 '조정자'로 만들려고 하였다. 무쓰히토는 메이지유신을 통해 '전제군주'로 등장했으며 '제국헌법'에서도 강력한 천황대권을 갖고 있었지만 자신에게 부여된 군주권을 직접적으로 행사하지는 않았다. 무쓰히토는 메이지 초기 이후 번벌관료에 둘러싸여 형식적이고 수동적으로 움직이던 천황에서 1880년대 들어 자신의 의사를 조금씩 적극적으로 표출하게 되었으나, 자신의 의견이 정부 수뇌와 대립될 경우에는 이토 등 정부 수뇌의 의견에 따랐다.

입헌정치가 시행된 뒤에도 적극적으로 천황대권을 행사하는 것이 아니라 정부나 관료의 보필에 따라 수동적으로 움직였고, 주요 관료 사이의 의견이 정면으로 충돌하거나 내각과 의회가 극단적으로 대립하는 등 정치적 위기 때에는 조정자로서의 역할을 수행했다고 할 수 있다.

무쓰히토는 전체적으로 정권의 담당자인 번벌관료나 헌법제정자의 기대에 부응하는 군주 역할을 충실히 실행했으나 그것은 메이지 천황의 특성이었고, 후대의 천황이 반드

시 무쓰히토와 같은 생각을 갖고 행동하리라는 보장은 없
었다.

제5장 입헌정치 지도자에서 원로(元老)로

　이토는 헌법제정자의 임무를 마치자 입헌정치의 운용의 책임도 맡게 되었다. 초대 내각총리대신을 맡은 이토는 헌법 심의과정에서 1888년 4월 새로 설치한 추밀원장으로 자리를 옮긴 뒤 정부 일선에서 물러나려 하였으나 제1회 의회 개설 당시 수상 야마가타의 요청으로 귀족원 의장을 맡게 되었다. 실제 입헌정치의 정착과정에 협조하라는 것이었다. 그러나 초기의회는 원만히 진행되지 못했다. 정부의 군비증강 정책을 위한 증세를 놓고 정부와 '민당(民黨)'이 격렬한 대립을 반복했기 때문이다.

　1890년 '제국의회'가 개설된 이후 입헌정치 시행 당초 번벌정부는 정당내각에 부정적이어서 '초연주의(超然主義)'를 바탕으로 입헌정치를 운용하려고 하였으나 정부와 의회의 마찰이 거듭되면서 이토의 생각대로 정국이 운영되지 못했다. 1892년 헌법제정자 이토가 전면에 투입되어 제2차 내각을 조직한 뒤에도 군비확장 정책을 둘러싸고 중의원 제1당인 자유당과 대립했고 조약개정문제와 관련해 '대외경파(對外硬派)'의 격렬한 공세에 직면했다.

이러한 정치적 위기를 극복하게 해준 것은 대외문제였다. 조선에서 발발한 동학농민운동 진압을 빌미로 군대를 파견해 청일전쟁을 일으킴으로써 제2차 이토 내각은 국내의 정치적 위기에서 벗어나게 되었던 것이다. 1894년 7월 청일전쟁이 시작되자 이토는 문관 수상으로서 히로시마(廣島)의 대본영에 참여해 전쟁을 지도했다. 청일전쟁을 승리로 이끈 뒤 1895년 4월 무쓰 무네미쓰 외상과 함께 전권대표로 청일강화조약(시모노세키下關조약)에 조인했고 영국과 치외법권의 철폐를 명기한 영일통상항해조약을 체결하였다.

청일전쟁의 승리를 통해 일본은 조선을 '보호국화'하려고 하였으나 요동반도를 중국에게 돌려주라는 독일·프랑스·러시아의 3국간섭을 수용하고 일본인이 민(閔)왕후를 살해한 을미사변으로 인해 조선에 대한 정치적 영향력을 상실하였다. 이것은 한반도에 대한 지배력의 확장을 꾀해온 일본의 조선정책이 일시적으로 좌절된 것을 의미한다. 그는 전후경영을 둘러싸고 거국일치내각을 구상해 자유당의 이타가키 다이스케와 개진당의 오쿠마의 입각을 획책했으나 자유당과 제휴하는 데 그쳤다.

이토는 1898년 1월 다시 제3차 내각을 발족시켰다. 각료회의에서 정당결성 의사를 표명하는 등 신당 결성을 주장했으나 야마가타 등이 반대하였고 지조증징(地租增徵) 문제로 정당세력의 반대에 직면해 퇴진하게 되자 다른 원로들의 반대를 물리치고 야당통합으로 탄생한 거대정당 헌정당(憲政黨)의 당수 오쿠마에게 정권을 넘겨주어 일본 최초의 정당내각을 실현시켰다.

이토는 수상직에서 물러난 뒤 일본을 벗어나 한청(韓淸) 여행에 나섰다. 1898년 8월 나가사키를 출발해 한성에서 고종과 회견하였고 9월에는 베이징에서 경친왕(慶親王), 캉유웨이(康有爲)와 면담, 무술변법에 임하고 있던 광서제(光緖帝)를 알현했다. 10월에는 장지동(張之洞), 유곤일(劉坤一)과 회담했다. 베이징에 체재 중이던 9월 21일에 보수파의 쿠데타(戊戌정변)에 조우하여 중국 개혁의 복잡성을 깨닫게 되었다.

이토는 2년 뒤인 1900년 헌정당의 옛 자유당 세력과 자파 관료세력을 규합해 '입헌정우회(立憲政友會)'라는 정당을 직접 결성해 총재에 취임했다. 같은 해 입헌정우회를 바탕으로 제4차 내각을 조직했으나 정당정치에 부정적인 야마가타 아리토모 계열 관료세력과 귀족원세력에 시달려 1901년 불과 7개월 만에 총사직하고 가쓰라 다로(桂太郎)에게 수상직을 넘겨주었다.

이후 이토는 입헌정우회 총재로서 당내 통제에 어려움을 겪고 내정에서는 지조증징 문제, 외교면에서는 대러시아 정책을 놓고 가쓰라 내각과 노선 차이를 보였다. 이후 입헌정우회는 사이온지 긴모치(西園寺公望), 하라 다카시(原敬) 등이 중심 역할을 하게 되어 이토의 손을 떠나게 된다.

1903년 7월에는 추밀원 의장이던 야마가타와 가쓰라 수상의 획책에 의해 천황을 보좌하는 추밀원 의장에 취임함으로써 어쩔 수 없이 정우회 총재직을 사임할 수밖에 없었다.

청일전쟁 이후 이토는 대러시아 유화정책을 취해 무쓰 무네미쓰, 이노우에 가오루 등과 함께 러일협상론·만한(滿韓) 교환론을 주장하며 협상에 의한 대외문제 해결 노선을 취했다. 1900년대 초 러시아와 일본이 한반도와 만주를 둘러싸고 대립하는 상황 속에서 이토는 러시아와 협상을 추진하며 러일전쟁에 소극적이었기 때문에 '대외경파' 등으로부터 비판을 받았다. 이에 반해 가쓰라 다로, 고무라 주타로, 야마가타 아리토모 등 이른바 '무단파'는 영일동맹을 추진하고 무력행사를 통한 노선을 취했다.

1901년 미국을 거쳐 유럽으로 건너간 이토는 그해 말 개인자격으로 러시아를 방문해 러일협상을 타진했으나 가쓰라 내각이 추진하는 영일동맹 교섭이 진행됨에 따라 단념했다. 결국 일본정부는 1902년 체결된 영일동맹을 바탕으로 러시아와 대결하면서 러일전쟁으로 나아갔다. 러일전쟁 때 가네코 겐타로를 미국에 파견해 루스벨트 미국대통령에게 강화 알선을 의뢰하게 하였고 이토 자신은 포츠머스강화조약의 전권대사가 될 것을 요청받았으나 결국 사퇴했다.

만년에 이토는 원로로서 국가의 중요정책 결정에 참여했다. 원로란 메이지유신 이래 정부를 이끌어온 유력 관료들이 퇴임하더라도 항상 자신을 보좌해달라는 천황의 칙어에 근거를 두고 있다. 이토를 시작으로 모두 9명이 천황으로부터 칙어를 받았으며 이들은 그것을 바탕으로 원로회의를 구성해 국가의 중요정책 결정에 관여했다. 러일전쟁 개전과 강화 때는 원로 및 추밀원 의장의 자격으로 다른 원로, 정부 수뇌와 함께 국가의 최고정책결정에 참여했다.

제6장 한국침략의 실행

1880년대 이후 이토 히로부미는 일본정부의 지도자이면서 대한정책 결정의 핵심적인 위치에 서 있었다. 1882년 임오군란 시기에 이토는 입헌제도 조사차 유럽에 파견되어 있었으나 사건에 관한 보고를 받고 자신의 의견을 일본정부 수뇌에게 전달했다. 1884년의 갑신정변 시기에는 참의(參議) 겸 궁내경으로 대청교섭을 주도해 톈진조약을 체결함으로써 조선에 대한 청의 간섭을 제한하고 조선 침략의 교두보를 마련하였다.

1894~95년의 청일전쟁 시기에는 내각총리대신으로 개전을 결정하고 전쟁과정을 진두지휘했다. 오토리 게이스케(大

鳥圭介) 공사, 이노우에 가오루 공사가 추진한 조선의 내정개혁 관여는 이토 총리의 승인 아래 진행되었다. 청일전쟁에서 일방적인 승리를 거둔 일본은 조선을 실질적으로 보호하려 3국간섭과 '을미사변' 등을 통해 한국침략을 일시적으로 보류할 수밖에 없었다.

'을미사변' 당시 총리대신이 이토였으므로 그가 '명성황후' 살해를 지휘했을 것이라는 주장이 꾸준히 제기되었다. 안중근도 재판과정에서 '명성황후' 살해를 이토 사살의 첫 번째 이유로 삼고 있으나 그것을 뒷받침할 사료는 지금까지 발견되지 않았다.

이토가 한국침략의 전면에 나서게 되는 것은 러일전쟁(1904~1905년) 이후다. 러일전쟁에서 승리한 일본은 1905년 11월 17일 이른바 '을사조약'을 통해 대한제국의 외교권을 빼앗고 12월 21일 이토 히로부미를 초대 통감(統監)으로 임명해 한국에 대한 '보호통치'를 시작했다.

이토는 러일전쟁이 한창이던 1904년 3월 13일 '위문특파대사'로 대한제국 왕실을 방문한 이후 1905년 11월에 다시 찾아와 무력시위하에 고종과 대신들을 협박하며 '을사늑약'을 강요하였으며, 일본으로 돌아간 이토는 직후 한국통감을 자청하여 다시 한국으로 부임하여 3년여에 걸쳐 '보호정치'를 지휘하게 되었던 것이다.

일본의 한국 보호국화는 구미 열강의 승인이 그 배경에 있었다. 미국은 1905년 7월 29일의 가쓰라-태프트 밀약을 통해, 영국은 8월 12일 제2차 영일동맹조약을 조인하는 과정에서 한국에 대한 일본의 지배권을 인정했다.

러시아도 9월 5일 체결한 포츠머스강화조약에서 "일본이 한국에서 군사상·경제상 탁월한 이익을 갖고 있음을 승인하고, 일본이 한국에서 필요하다고 인정되는 지도·보호 및 감리의 조치를 취하는 데 이를 방해하거나 간섭하지 않을 것"을 인정했다.

이러한 구미 열강의 승인이 있었기에 일본은 한국의 외교권을 빼앗고 '보호통치'를 실시하는 것이 가능했던 것이다. 그러나 구미 열강이 한국의 주권을 빼앗는 '병합'까지 승인한 것은 아니었다. 일본정부도 장기적으로 병합의 가능성을 염두에 두고 있었지만 당시에는 통감부를 통해 간접 지배하는 것이 현실적이라고 판단했다. 한국을 직접 통치할 준비도 되어 있지 않았고 열강의 간섭과 한국 측의 반발을 우려했기 때문이다.

1907년 6월 헤이그 밀사사건이 일어나자 이토는 이를 계기로 한국지배 체제를 더욱 강화하려고 하였다. 이토 통감은 이 사건을 구실로 고종을 퇴위시킴과 아울러 한국의 내정권을 장악하고 통감의 권한을 대폭 강화한 '정미7조약'을 체결했다. 일본정부는 원로와 내각대신들이 모여 숙의한 결과 한국의 국내정세나 국제정세가 아직 병합을 단행하기에는 조건이 성숙되지 않았다고 판단하고, 실질적으로 한국의 내정을 장악하는 것을 목표로 삼기로 결정했다.

강제로 한국을 병합한다면, 한국민의 저항은 물론 러시아를 비롯한 열강의 간섭을 받을 것이 자명했기 때문이다. 일본정부는 순차적으로 한국의 내정권을 장악하고 병합을 위한 기반을 닦는 정책을 취했으며, 그러한 과정을 거쳐 정부의 방침으로 한국병합을 결정한 것은 1909년에 들어서였다.

일본이 한국병합의 시기를 결정하는 데 큰 영향을 끼친 것은 구미 열강과의 관계였다. 일본은 한국의 보호국화 이후에도 구미 열강의 입장을 확인하며 한국병합을 추진했다. 청일전쟁 이후 겪은 삼국간섭의 경험을 다시 맛보지 않으려는 이유도 그 배후에 존재했다고 할 수 있다. 특히 일본의 한국지배에 지대한 영향을 끼친 것은 러일관계였다.

1907년 7월 제1차 러일협약이 마무리되자 일본은 '정미 7조약'을 통해 한국의 내정권을 장악했으며, 한국병합은 제2차 러일협약이 체결된 직후 단행되었다. 1910년 7월 4일 조인된 제2차 러일협약은 만주의 세력분할에 관한 합의였으나 협상 과정에서 러시아가 일본의 한국병합을 정식 승인했던 것이다.

미국은 러일전쟁 이후 일본의 대한정책에 우호적이었고 문호개방원칙을 한국에 적용하지는 않았다. 1910년에 들어 미 국무부는 조만간 일본이 한국을 병합할 것으로 예상하고 광산 이권과 교육 사업은 일본의 한국병합에 영향을 받겠지만 관세에 변화가 생길 경우에는 미국의 통상에 유리하도록 치외법권 포기를 협상 카드에 사용한다는 입장을 취했다.

영국은 러시아와 일본의 접근으로 영일동맹이 위축될 수밖에 없었기 때문에 일본의 한국병합에도 신중한 태도를 취했다. 결국 8월 5일에 이르러서야 한국에서의 기존 관세를 10년 동안 유지하는 것을 조건으로 일본의 한국병합을 수용했다. 경제적인 면에서 현상유지를 보장받고 나서야 한국병합을 승인했던 것이다.

한편, 간도(間島)문제에 관한 처리과정도 한국병합과 밀접한 관련이 있다. 간도영유권을 둘러싸고 중국이 일본의 만주침략을 우려하고 있었으며 열강의 간섭을 초래할 가능성도 있었다. 일본으로서는 열강의 간섭을 피하기 위해 간도문제를 서둘러 해결하고 한국에 대한 열강의 간섭이 불가능한 식민지로 확고히 해둘 필요가 있었다. 간도문제가 한국병합 시기를 앞당기는 역할을 했다고 볼 수 있다.

일본정부에서 한국병합의 구체적인 방안을 제시한 사람은 제2차 가쓰라 타로(桂太郎) 내각의 외상이었던 고무라 주타로(小村壽太郎)였다. 그는 한국문제에 관한 앞으로의 기본 방침을 확립해둘 필요가 있다고 보고, 구라치 데쓰키치(倉知 鐵吉) 정무국장의 의견서를 바탕으로 대한방침 및 시정대강을 작성해 1909년 3월 30일 수상에게 제출했다. 이에 가쓰라 수상은 즉시 동조했다. 이전부터 대외강경론을 지속적으로 주장한 야마가타 아리토모 추밀원 의장과 데라우치 마사타케(寺內正毅) 육군대신도 같은 입장이었다. 병합에 신중한 입장을 취하고 있던 이토 히로부미 통감은 파탄에 이른 '보호통치'를 더 이상 주장하지 않았다. 결국 고무라의 안에 순순히 동의했고 이렇게 해서 1909년 7월 6일 한국병합에 관한 일본정부의 공식 방침이 결정되었다.

이러한 과정을 거쳐 일본의 한국병합 방침은 확정되었고 이토도 여기에 적극적으로 관여하였던 것이다. 이토는 "한국을 병합하는 것이 한반도에서 일본의 실력을 확립하기 위한 가장 확실한 방법"이며, "병합의 시기가 도래할 때까지는 병합의 방침에 기초해 충분히 보호의 실권을 거두고 실력의 부식을 꾀해… 적당한 시기에 한국병합을 단행"한다는 일본정부의 방침을 확정하였다.

이러한 방침에 따라 1909년 7월 사법 및 감옥 사무의 위탁·군부 폐지·조선중앙은행 설치가 이루어졌다. 병합을 위한 사전 정지작업을 마친 이토는 한반도와 만주에 대한 러

영친왕(오른쪽)과 이토 히로부미

일 간의 협상을 위해 만주로 떠났다. 이토는 일본의 중심으로 동아시아에 일대 제국을 건설하려는 꿈을 거의 실현한 뒤에 안중근에 의해 하얼빈에서 사살되었던 것이다.

1905년에는 한국과 을사조약 체결을 주도하고 1905년 12월부터 1909년 6월까지 3년 반 동안 초대 한국통감으로 있으면서 이른바 '보호통치'를 주도하며 식민지화의 길을 닦았다. 야마가타, 데라우치 마사타케 등 강경파에 비해 점진적인 한국침략정책을 펼쳤다.

그러나 1907년 헤이그밀사 사건이 일어나자 고종을 퇴위시키고 '정미7조약(제3차 한일협약)'을 강요해 내정을 장악하고 군대를 해산시켜 한국 내의 격렬한 저항을 불러일으켰다.

통감직 사임 후 1909년 10월 26일 극동문제에 관해 러시아와 교섭하기 위해 만주를 방문한 이토는 하얼빈에서 한국의 독립운동가 안중근에 의해 사살되었다. 사후 종일위(從一位)에 추증되었으며 장례는 국장으로 치러졌다.

제7장 이토의 사망과 한국 강제병합

안중근이 이토를 사살한 지 10개월 만에 일본은 한국을 강제병합하여 직접 식민지로 삼았다. 이에 따라 '안중근의 거'로 인해 일본의 여론이 나빠져 한국을 '보호국'에서 강제 병합하였다는 인식이 널리 퍼져 있다.

일본에서는 역사교과서와 대중용 역사서를 중심으로 '안 중근의거'가 한국 강제병합의 직접적인 계기인 것처럼 기술 하고 있다. 이러한 인식은 마치 '보호통치'에 대한 한국인의 반발 때문에 일본이 어쩔 수 없이 한국을 병합했다는 오해 를 불러일으켜 일본의 침략성을 축소시키는 결과를 초래하 고 있다고 할 수 있다. 또 최근 일본학계에서는 이토 히로부미는 병합에 소극적이었고 이토 사후에 병합이 급격하게 추진되었다는 주장이 힘을 얻고 있다.

앞에서 살펴보았듯이 일본정부에서 한국병합이 논의된 것이 '안중근의거' 이전부터이며 이토가 만주로 떠나기 전인 1909년 7월 각료회의에서 결정한 대(對)한국방침 및 시설대강에서 병합 방침이 확정되어 있었다. 그렇다면 '안중근의거'가 일본정부의 한국지배 노선을 전환시키지는 않았다 하더라도 이미 정해진 일본정부의 병합방침에 불을 지펴 그것을 계기로 병합이 급속하게 추진된 것이 아닐까?

1909년 4월 17일 당시 가쓰라 수상은 원로 야마가타에게 편지를 보내 통감을 교체할 필요성에 대해 언급하고 있다. 한국병합 방침이 형식적이라 할지라도 확정된 이상 병합 반대론을 표명해온 이토 통감을 교체할 필요가 있다. 그러나 병합을 조기에 행하기 위해서는 통감에는 유력자를 둘 필요는 없다. 왜냐하면 유력자를 두게 되면 이쪽에서 무엇이든 지시하는 것이 가능하지 않기 때문에 부통감인 소네 아라스케(曾禰荒助)가 통감으로 적당하다. 이토의 진퇴가 결정되지 않으면 그 다음의 문제가 일체 진행되기 어려우므로 이번에 반드시 이를 해결하려고 한다는 것이다.

한편, 병합 후의 한국통치에 관해 이토는 '자치식민지'를 구상했다고 보는 일본 학계의 주장이 있다. 이는 이토의 사위인 스에마쓰 겐초(末松謙澄) 관계문서에 실려 있는 사료를 근거로 하고 있다. 그에 따르면 ①조선팔도로부터 각기 10명의 의원을 선출해 중의원을 구성한다. ②한국 문·무 양반 가운데에서 50명의 원로를 호선해 상원을 조직한다. ③한국정부의 대신은 한국인으로 조직하고 책임내각을 구성한다. ④ 정부는 부왕(副王)의 아래에 둔다는 내용이다.

이것을 한국통치구상이라고 본다면 '자치'라고 인정할 수 있지만 이 사료가 언제 작성되었는지 불분명하고 이토의 발언이라고 인정할 근거도 없다. 또 이 사료에 이어 "완전한 합병이라면 협상의 필요가 없고 선언으로 족하다"고 되어 있어, 병합 방침이 결정되기 이전에 작성된 하나의 가안(假案)이었을 것이고 이미 병합에 동의한 이토의 주장이라고 보기는 힘들다.

이토는 한국의 '문명화'가 통감통치의 목적이라고 반복적으로 강조했다. 1907년 이후 이미 병합방침에 동의했다 하더라도 표면상 한국을 병합할 필요가 없다고 기회 있을 때마다 반복적으로 강조해왔기 때문에 자신이 통감직에 머문 상태로 병합을 추진하기는 어려웠을 것이다. 이토 스스로도 자신이 물러날 시점이 되었다고 판단해 사임의 뜻을 밝혔다. 1909년 6월 14일 통감직을 소네 아라스케에게 물려주고 추밀원의장으로 자리를 옮겼고 이후 적극적으로 일본 정부의 병합 사전준비에 협조하였다.

　이토는 1909년 7월 초 통감 사임 인사차 서울을 방문했을 때 소네 통감을 도와 사법권 및 감옥사무 위탁을 주도적으로 추진해 12일 이를 성사시켰다. 이것은 병합의 전제였던 서양 열강과의 치외법권 문제를 해결한 것이다. 이토가 10월에 만주에서 러시아의 재무장관 코콥초프(Vladimir Kokovtsov)와 회담하려 한 것도 병합에 대한 러시아의 동의를 구하기 위한 것이었다는 설이 유력하다.

　이렇듯 한국병합을 둘러싸고 일본정부 내의 의견수렴이 이루어진 상태에서 10월 26일 '안중근의거'가 발생했기 때문에 이 사건이 일본의 한국지배 방침에 큰 영향을 미치지는 않은 것으로 보인다.

　당시 일본 언론의 주요 논조도, 이토의 죽음은 크게 애석하지만 한국을 즉각 병합할 필요는 없다는 것이었다. 일본에서 반한감정이 일시적으로 고조되기는 했으나 즉시병합론이 대세를 차지하지는 않았다.

　반면 한국에서는 흑룡회(黑龍會)와 연계한 일진회(一進會)를 중심으로 '합방청원운동'이 거세게 일어났다. 이토가 사살된 후 흑룡회는 우치다 료헤이(內田良平)가 일진회 명의의 '합방청원서'를 작성하여 스기야마 시게마루(杉山茂丸)를 통해 야마가타, 가쓰라, 데라우치에게 제출하였다. 12월 1일 우치다로부터 '합방 상주 및 청원서'를 받은 일진회 회장 이용구는 문구를 수정한 후 12월 4일에 '일진회성명서'를 「국민신문」 부록으로 발표함과 동시에 '합방상주문' '총리 이완용께 올리는 합방 청원서' '통감께 올리는 합방 청원서'를 제출하였다.

이에 대해 이완용은 합방문제를 둘러싸고 일진회와 일시적으로 제휴했던 대한협회 등을 사주하여 대국민 연설회를 조직하고, 통감과 한국 내각 앞으로 '비합방 상서'를 제출하는 한편 일진회의 상주문과 이완용 수상 앞의 청원서를 각하했다. 이에 일진회는 12월 10일 상주문을 다시 제출했으나 한국정부는 통감이 참석한 대신(大臣)회의에서 상주하지 않고 각하하기로 결정했다.

또한 일진회의 합방 성명에 대해서는 일반인의 반대가 고양되어 일진회는 '거의 고립상태'에 빠졌다. 지방에서도 소요 발생까지는 이르지 않았지만 냉혹한 평가와 반대 의견이 다수를 차지했다.

일진회의 '합방청원운동'은 시기상 '안중근의거'를 계기로 전개된 것처럼 보이지만 이전부터 준비된 것이었다. 또한 '합방청원운동'에 대해 일본에서는 일진회의 세력확장론으로 보는 경향이 강했다. 즉, 일진회와 흑룡회 등은 '안중근의거' 이후 합방청원운동은 거세게 전개했지만 일본정부로서는 병합의 분위기 조성을 위해 이들을 이용하려 했을 뿐 이들의 요구를 수용하지는 않았다.

일진회의 합방청원운동은 명목상 한국과 일본이 국가연합의 형태로 합방하자는 것이었으므로 한국의 주권을 완전히 박탈하고 직접식민지화하려는 일본정부의 방침과는 거리가 있는 것이었다. 일본정부로서는 오히려 시간이 지나면서 합방 찬반론이 고조되어 병합 반대운동으로 전환되지 않을까 우려하는 목소리가 커졌다. 이렇듯 '안중근의거'는 일본 국내외에 큰 충격을 주었으나 일본의 한국지배방침을 바꾸는 계기로는 작용하지 않았고 일진회와 흑룡회 등의 합방청원운동도 일본정부의 병합추진에 직접적인 영향을 주지는 못했다.

이보다 일본이 한국을 병합하기 위해서는 구미 열강의 승인이 필수적이었으나 '안중근의거' 직후에는 아직 한국병합에 관해 모든 열강의 동의를 받지 못한 상태였다. 오히려 만주의 이권을 둘러싸고 열강이 신경전을 벌이고 있는 가운데 이토의 피살을 계기로 강경파가 득세해 일본이 한국을 병합하지는 않을까 우려하고 있었다. 따라서 일본이 한국을 병합하기 위한 국제적인 환경은 아직 마련되지 않았다고 할 수 있다.

1907년 제1차 러일협약 이후 일본은 한국병합에 대한 러시아의 승인을 받으려 노력했다. 1910년에 접어들어 미국의 만주철도 중립화안에 대한 대응을 둘러싸고 러시아와 일본이 접근하여 제2차 러일협약이 체결됨에 따라 한국병합을 실현할 수 있는 환경이 조성되었다. 아울러 불일협약, 영러협약 등으로 동아시아에서 열강의 앙탕트(entente: 평화적 공존)가 형성되어 있었던 것도 일본에게 유리하게 작용하였다.

1910년 2월 고무라 외상은 재외공관에 한국병합 방침 및 시설강령을 통보했다. 3월에는 제2차 러일협약 체결방침이 각료회의에서 결정되었다. 4월에는 모토노 주러시아대사가 러시아로부터 한국병합에 대한 승인을 얻었다. 러시아의 동의를 얻음으로써 한국 강제병합은 급속히 추진되었다. 이어서 프랑스와 영국으로부터도 승인을 받았다. 드디어 일본은 열강의 간섭 없이 한국병합을 추진할 수 있게 되었다. 1910년 8월 22일 병합조약 강제 체결로 한국은 일본의 직접 식민지가 되었던 것이다.

약소국에 피해 강요한
제국주의자의 얼굴

2018년은 메이지유신이 일어난 지 150년이 되는 해여서 일본 각지에서는 메이지유신에 관한 다양한 행사가 개최되었고 메이지유신을 주도한 지도자들이 새롭게 조명되었다. 이토 히로부미도 그 주역의 한 명으로 다시금 높이 평가를 받았다. 그렇지만 한국에서 그는 여전히 일본의 한국병탄의 기반을 닦은 침략자로 기억되고 있다. 을사늑약·통감정치·고종황제 퇴위·군대해산·의병탄압 등 한국침략을 진두지휘하다 안중근에 의해 사살당한 이미지가 선명하기 때문이다.

이 책에서는 그동안 한국에서 부각되어왔던 이토의 지배와 침략의 측면보다는 메이지유신 이후 일본 근대국가체제 수립과정에서의 역할을 중심으로 이토의 생애를 살펴보았다.

이토 히로부미는 농민 출신에서 수상에까지 오른 일본 역사에서 보기 드문 입지전적 인물이다. 그는 에도 막부 말기 존황양이론(尊皇攘夷論)을 수용해 개국파 인사를 암살하거나 영국공사관에 방화하는 등 테러리스트로서 정치활동을 시작했다. 그가 메이지유신 이후 관계, 정계에서 활약하며 출세할 수 있었던 데에는 조슈번 출신이라는 점도 크게 작용하였다. 번벌(藩閥)이라는 배경이 없었다면 그가 젊은 나이에 요직에 기용되어 네 차례나 수상에 임명될 수는 없었을 것이다.

이토가 정치적으로 성장한 데는 주선가(周旋家)로서의 기질이 크게 작용했다. 1871년의 폐번치현 과정, 1873년의 '정한론' 정변과 1875년의 오사카회의 등에서 이토는 각 세력의 의견을 조정하며 자파에 유리하게 일을 성사시켜 정부 유력자들의 신임을 얻었다.

이토는 정치가로서 결단력과 유연성을 겸비하고 있었다. 1881년 정변에서 오랫동안 뜻을 같이하며 개혁을 추진해온 동료 오쿠마 시게노부를 과감하게 축출하고 삿초 번벌정권을 규합하였고, 1887년 민권파의 지도자인 이타가키 다이스케가 민권론의 입장에서 백작 작위를 거부하자 천황의 권력까지 동원하며 집요하게 자신의 의사를 관철시켜 이타가키를 굴복시켰다.

한국 보호국화 과정에서 고종과 대신들에 대해 협박과 회유를 반복하는 강경한 방식으로 을사조약을 체결한 것은 잘 알려진 사실이다. 한편 자신과 생각이 다르더라도 필요할 경우 반대파와 타협하거나 능력 있는 인물을 발탁해 활용하는 데도 능했다. 1880년대 초 자유민권운동의 국회개설 요구에 정면으로 대응해 국회개설조칙을 발포하게 했으며, 1890년대 말 입헌정치가 정당과 정부의 극단적인 대립으로 치닫자 '초연주의(超然主義)'를 포기하고 정당 세력에게 정권을 넘겨주었다. 1900년에는 번벌 세력의 반발을 무릅쓰고 야당 세력과 결합해 '입헌정우회'라는 정당을 결성하기도 하였다.

이러한 정치자세의 배경에는 자신의 능력과 식견에 대한 자신감이 깔려 있었다. 이토는 근대국가체제를 만드는 데 필요한 서양문명의 지식 습득에 적극적이었다. 일찍이 1863년 22세 때 번의 허가를 받아내 네 명의 동료와 함께 영국으로 도항해 서양 근대문명을 체험했다. 메이지유신 직후에도 미국으로 파견되어 화폐제도·은행제도를 조사해 귀국 후 일본의 금융제도를 정비했으며, 1882년에는 정부 최고지도자의 지위에 있으면서 입헌제도 조사를 위해 직접 유럽으로 파견되어 장기간 체류하기도 했다.

이러한 경험을 통해 근대국가체제 수립을 위한 풍부한 서양 지식을 흡수했고 그 지식을 자산으로 삼아 다른 관료들을 압도하며 지도자의 위치를 군혀나갔다. 여기에는 그의 어학실력도 일조했다. 특히 영어실력이 뛰어나 많은 해외서적을 섭렵했을 뿐 아니라 해외신문과 잡지를 구독하며 국제정세도 민첩하게 파악했다.

이토는 40년 가까이 일본정부의 핵심에 있으면서 많은 업적을 쌓아 '근대일본의 설계자'라고 불리기도 한다. 무엇보다도 가장 큰 업적은 헌법을 비롯한 근대국가 체제를 확립한 것이다. 이토는 1882~83년 유럽 입헌제도 조사를 통해 천황을 중심으로 한 군주입헌체제를 구축한다는 구상을 확정했다. 그러고는 귀국 후 국가기구를 개혁해나갔다. 궁중개혁에 착수해 전통적인 궁중제도를 서양식으로 개혁했으며 화족제(華族制)와 내각제를 창설하였다. 천황의 정치군주화를 꾀하면서 입헌정치를 대비해 안정적으로 정치를 운영하려는 것이었다.

또한 이토는 헌법제정과정을 주도해 1886년부터 측근 참모들과 함께 헌법기초 작업을 진행한 뒤 추밀원의 심의를 거쳐 1889년 '대일본제국헌법'을 공포하였다. 이듬해 국회가 개설되어 일본에서 입헌정치가 실시되게 되었다.

한편 이토는 천황제를 국가체제의 중심에 편입시켰다. 유럽에서 기독교의 역할을 천황과 왕실에 기대했던 것이다. 이토는 헌법상 국가의 대권을 천황에게 집중시키고 정치적 위기 시에는 천황의 조칙을 이용하는 등 천황을 번벌정권의 보호막으로 삼았다. 그는 메이지 천황을 번벌정권을 인정하고 헌법의 규정을 충실히 따르는 '조정자'로 만드는 데 성공하였다. 19세기 말 이후 교육칙어·국가신도를 기반으로 천황제이데올로기가 형성되는데 그 기틀을 마련한 것도 이토라고 할 수 있다.

일본 근대국가 형성과정에 이토의 업적은 이밖에도 많다. 메이지유신 직후 오쿠마 시게노부·이노우에 가오루와 함께 개명파 관료로 불리며, 철도 건설, 지폐·은행제도의 창설, 식산흥업, 제국대학 설립 등 경제·산업·교육·행정 등 다방면에 걸쳐 개혁을 주도했다.

그러나 이러한 이토의 업적이 반드시 긍정적 평가로 이어지는 것은 아니다. 그가 행한 많은 근대적 개혁은 민중을 억누르고 지배층 위주로 진행되었으며, 정교하게 만들어진 '제국헌법체제'가 정치적 민주화를 가로막고 1930년대 이후 군부의 독주를 만들어냈기 때문이다.

대외정책 측면에서 이토는 '팽창주의자' 또는 '대국주의자'로 분류할 수 있다. 1873년의 '정한론' 정변에서 '내치파'에 속했지만 대외팽창 자체를 반대한 것은 아니었으며 1874~75년의 타이완침공과 강화도사건에서도 정부의 침략

정책을 추종하였던 것으로 보인다. 한국과 관련해 갑신정변과 명성황후시해 사건에 간접적으로 관여했으며, 조선의 지배권을 놓고 청국과 싸운 청일전쟁은 무쓰 무네미쓰 외상과 함께 직접 도발한 것이었다.

20세기 초 이토는 대러시아 외교에서 '문치파'로 불리며 전쟁보다는 협상을 우선시하는 측면을 보였지만 대륙으로 팽창하려는 일본의 제국주의적 노선을 기본적으로 지지하였으며, 통감으로서 한국에 대한 식민지배의 실천에 적극적으로 나섰다.

이토는 뛰어난 식견과 정치력으로 일본의 근대국가 형성에 결정적 역할을 했으나, 대외적으로는 일본의 국익을 최우선의 가치관으로 삼고 주변 약소국에 피해를 강요한 제국주의자였다고 할 수 있다.

참고문헌

방광석, 『근대일본의 국가체제 확립과정-이토 히로부미와 '제국헌법체제'』, 혜안, 2008.

이성환 · 이토 유키오 편저, 『한국과 이토 히로부미』, 선인, 2009.

이종각, 『이토 히로부미-원흉과 원훈의 두 얼굴』, 동아일보사, 2010.

姜範錫, 『明治十四年の政変』, 朝日新聞社, 1991.

稻田正次, 『明治憲法成立史』 上 · 下卷, 有斐閣, 1960~62.

鈴木安藏, 『評傳伊藤博文』, 昭和刊行會, 1944.

鈴木正幸, 『皇室制度　明治から戦後まで』, 岩波書店, 1993(류교열 옮김, 『근대 일본의 천황제』, 이산, 1998).

瀧井一博, 『ドイツ國家學と明治國制』, ミネルヴァ書房, 1999.

瀧井一博, 『伊藤博文-知の政治家』, 中央公論新社, 2010.

瀧井一博, 『伊藤博文演説集』, 講談社, 2011.

笠原英彦, 『天皇親政: 佐々木高行日記にみる明治政府と宮廷』, 中央公論社, 1995.

梅溪昇, 『明治前期政治史の研究』, 未來社, 1963.

福地惇, 『明治新政權の權力構造』, 吉川弘文館, 1996.

山室信一, 『法制官僚の時代-國家の設計と知の歷程-』, 木鐸社, 1984.

上垣外憲一, 『暗殺·伊藤博文』, 筑摩書房, 2000.

小川原宏幸, 『伊藤博文の韓国併合構想と朝鮮社会-王権論の相克-』, 岩波書店, 2010(최덕수·박한민 옮김, 『이토 히로부미의 한국병합 구상과 조선사회』, 열린책들, 2012).

安田浩, 『天皇の政治史-睦仁·嘉仁·裕仁の時代-』, 青木書店, 1998 (하종문·이애숙 옮김, 『세 천황 이야기: 메이지 다이쇼 쇼와의 정치사』, 역사비평사, 2009).

羽生道英, 『伊藤博文-近代国家を創り上げた宰相』, PHP研究所, 2004.

伊藤之雄, 『立憲國家の確立と伊藤博文』, 吉川弘文館, 1999.

伊藤之雄, 『伊藤博文 近代日本を創った男』, 講談社, 2009(이성환 옮김, 『이토 히로부미』, 선인, 2014).

伊藤之雄, 『伊藤博文をめぐる日韓関係-韓国統治の夢と挫折』, ミネルヴァ書房, 2011.

伊藤之雄 外 編, 『20世紀日本の天皇と君主制』, 吉川弘文館, 2004.

鳥海靖, 『日本近代史講義-明治立憲制の形成とその理念-』, 東京大學出版會, 1988.

鳥海靖 外 編,『日本立憲政治の形成と變質』, 吉川弘文館, 2005.

佐夕木隆,『伊藤博文の情報戰略』, 中央公論新社, 1999.

中村菊男,『伊藤博文』, 時事通信社, 1958(강창일 옮김,『이등박문』, 중심, 2000).

泉三郎,『伊藤博文の青年時代』, 祥伝社, 2011.

清水伸,『明治憲法制定史』上・中・下, 原書房, 1971~74.

坂本一登,『伊藤博文と明治國家形成-「宮中」の制度化と立憲制の導入-』,

　　吉川弘文館, 1991.

坂野潤治,『明治憲法体制の確立』, 東京大學出版會, 1971.

坂野潤治,『近代日本の國家構想』, 岩波書店, 1996.

坂田吉雄,『天皇親政-明治期の天皇觀-』, 思文閣出版, 1984.

海野福寿,『伊藤博文と韓国併合』, 青木書店, 2004.

新人物往来社 編,『伊藤博文直話』, 新人物往来社, 2010.

春畝公追頌會 編,『伊藤博文伝』全3卷, 統正社, 1940.

프랑스엔 〈크세주〉, 일본엔 〈이와나미 문고〉, 한국에는 〈살림지식총서〉가 있습니다.

이토 히로부미 일본의 근대를 이끌다

펴낸날	초판 1쇄 2019년 8월 30일

지은이	방광석
펴낸이	심만수
펴낸곳	(주)살림출판사
출판등록	1989년 11월 1일 제9-210호

주소	경기도 파주시 광인사길 30
전화	031-955-1350 팩스 031-624-1356
홈페이지	http://www.sallimbooks.com
이메일	book@sallimbooks.com

ISBN	978-89-522-4074-3 04080
	978-89-522-0096-9 04080 (세트)

※ 값은 뒤표지에 있습니다.
※ 잘못 만들어진 책은 구입하신 서점에서 바꾸어 드립니다.
※ 각각의 그림에 대한 저작권을 찾아보았지만, 찾아지지 못한 그림은
   저작권자를 알려주시면 그에 맞는 대가를 지불하겠습니다.

이 도서의 국립중앙도서관 출판시도서목록(CIP)은 서지정보유통지원시스템 홈페이지
(http://seoji.nl.go.kr)와 국가자료공동목록시스템(http://www.nl.go.kr/kolisnet)에서
이용하실 수 있습니다.(CIP제어번호: CIP2019028962)

책임편집·교정교열 **최정원 이상준**

인물로 보는 일본역사 시리즈 전11권

홍성화 외 10인 지음

2019년 3·1 운동 100주년 기념, 2020년 8·15 광복 75주년을 기념하여 일본사학회가 기획한 시리즈. 가깝지만 멀기만 한 일본과의 관계를 돌아보기 위해 한국사와 밀접한 대표적인 인물 11명의 생애와 사상을 알아본다.

577 왜 5왕(倭 五王)

수수께끼의 5세기 왜국 왕 (인물로 보는 일본역사 1)

홍성화(건국대학교 글로컬캠퍼스 교양대학 역사학 교수) 지음

베일에 싸인 왜 5왕(찬·진·제·흥·무)의 실체를 파헤침으로써 5세기 한일관계의 실상을 재조명한다.

키워드 🔍

#왜국 #왜왕 #송서 #사신 #조공 #5세기 #백제 #중국사서 #천황 #고대

578 소가씨 4대(蘇我氏 四代)

고대 일본의 권력 가문 (인물로 보는 일본역사 2)

나행주(건국대학교 사학과 초빙교수) 지음

일본 고대국가에 커다란 족적을 남긴 백제 도래씨족 소가씨. 그중 4대에 이르는 소가노 이나메(506?~570)·우마코(551?~626)·에미시(?~645)·이루카(?~645)의 생애와 업적을 알아본다.

키워드 🔍

#일본고대 #도래인 #외척 #불교 #불교문화

579 미나모토노 요리토모(源賴朝)

무사정권의 창시자 (인물로 보는 일본역사 3)

남기학(한림대학교 일본학과 교수) 지음

무사정권의 창시자 미나모토노 요리토모(1147~1199)의 파란만장한 생애와 사상의 전모를 밝힌다.

키워드 🔍

#무사정권 #가마쿠라도노 #무위 #무민 #신국사상 #다이라노 기요모리 #고시라카와 #최충헌

580 도요토미 히데요시(豊臣秀吉)
일본 통일을 이루다 (인물로 보는 일본역사 4)

이계황(인하대학교 일본언어문화학과 교수) 지음

동아시아 국제전쟁으로서의 임진왜란과 난세를 극복하고 일본천하를 통일한 도요토미 히데요시(1537~1598)를 통해, 일본을 접근해본다.

키워드 🔍

#센고쿠기 #오다 노부나가 #도쿠가와 이에야스 #임진왜란 #강화교섭 #정유재란

581 요시다 쇼인(吉田松陰)
일본 민족주의의 원형 (인물로 보는 일본역사 5)

이희복(강원대학교 일본학과 교수) 지음

일본 우익사상의 창시자 요시다 쇼인(1830~1859). 그가 나고 자란 곳 하기시(萩市)에서 그의 학문과 사상의 진수를 눈과 발로 확인한다.

키워드 🔍

#병학사범 #성리학자 #국체사상가 #양명학자 #세계적 보편성 #우익사상 #성리학

582 시부사와 에이이치(渋沢栄一)
일본 경제의 아버지 (인물로 보는 일본역사 6)

양의모(인천대학교 동북아 통상학과 강사) 지음

경제대국 일본의 기초를 쌓아올린 시부사와 에이이치(1840~1931). '일본 경제의 아버지'라 불리는 그의 삶과 활동을 조명한다.

키워드 🔍

#자본주의 #부국강병 #도덕경제론 #논어와 주판 #민간외교 #합본주의

583 이토 히로부미(伊藤博文)
일본의 근대를 이끌다 (인물로 보는 일본역사 7)

방광석(동국대학교 대외교류연구원 연구교수 · 전 일본사학회 회장) 지음

침략의 원흉이자 근대 일본의 기획자 이토 히로부미(1841~1909)의 생애를 실증적·객관적으로 살펴본다.

키워드 🔍

#입헌 정치체제 #폐번치현 #대일본제국헌법 #쇼카손주쿠 #천황친정운동 #을사늑약 #한국병합

584 메이지 천황(明治天皇)

일본 제국의 기초를 닦다 (인물로 보는 일본역사 8)

박진우(숙명여자대학교 일본학과 교수) 지음

메이지 천황(1852~1912)의 '실상'과 근대 이후 신격화된 그의 '허상'을 추적한다.

키워드 🔍

#메이지유신 #메이지 천황 #근대천황제 #천황의 군대

585 하라 다카시(原敬)

평민 재상의 빛과 그림자 (인물로 보는 일본역사 9)

김영숙(고려대학교 한국사연구소 연구교수) 지음

일본 정당정치의 상징이자 식민지 통치의 설계자. 평민 재상 하라 다카시(1856~1921)를 파헤친다.

키워드 🔍

#정당정치 #문화정책 #내각총리대신 #평민 재상 #입헌정우회 #정우회

586 히라쓰카 라이초(平塚らいてう)

일본의 여성해방운동가 (인물로 보는 일본역사 10)

정애영(경상대·방송통신대 일본사·동아시아사 강사) 지음

일본의 대표 신여성 히라쓰카 라이초(1886~1971). 그녀를 중심으로 일본의 페미니즘 운동과 동아시아의 신여성을 조명한다.

키워드 🔍

#신여성 #세이토 #신부인협회 #일본의 페미니즘 #동아시아 페미니즘 운동
#동아시아 신여성

587 고노에 후미마로(近衛文麿)

패전으로 귀결된 야망과 좌절 (인물로 보는 일본역사 11)

김봉식(고려대학교 강사) 지음

미·영 중심의 국제질서에 도전하고 독일·이탈리아와 동맹을 강화하여 전쟁의 참화를 불러온 귀족정치가. 고노에 후미마로(1891~1945)의 생애와 한계를 살펴본다.

키워드 🔍

#중일전쟁 #태평양전쟁 #신체제 #일본역사

eBook 표시가 되어있는 도서는 전자책으로 구매가 가능합니다.

(주)살림출판사
www.sallimbooks.com
주소 경기도 파주시 문발동 522-1 | 전화 031-955-1350 | 팩스 031-955-1355